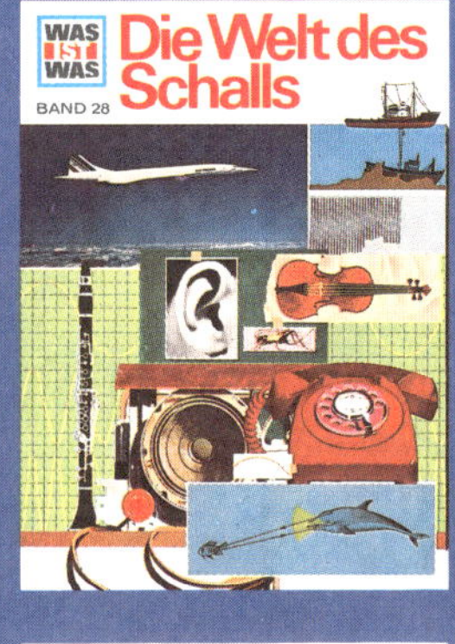

Weitere Titel siehe letzte Seite.

Das Auto

Von Hans Reichardt

Illustriert von Anne-Lies Ihme
und Gerd Werner

So fing es an: Benz-„Ideal", Baujahr 1898, ein Zylinder, 4,5 PS, 3,5 km/h

Vorwort

Die wichtigste Erfindung, die je von Menschen gemacht wurde, ist das Rad. Und die meistbenutzte Maschine, die die Menschen je erdacht und gebaut haben, ist das Auto. In diesem WAS IST WAS-Band geht es um Autos. Das Buch schildert den langen Weg, der vom ersten Rad unserer Urahnen im Verlauf vieler Jahrtausende zum heutigen Superrennwagen führt. Es erzählt von den vielen großen und kleinen Erfindern, die die Technik immer wieder ein Stück weitergetrieben haben. Es macht in Worten und vielen interessanten Bildern verständlich, wie ein Auto funktioniert, und es berichtet von erregenden Autorennen und von den tollkühnen Männern, die am Steuer superschneller Renner immer wieder ihr Leben wagen. Und wer selber gern Rennfahrer werden möchte, erfährt in diesem Buch, wie er das anfangen muß.

Über die Straßen der Bundesrepublik Deutschland rollen 16 Millionen Autos; jeder siebente Westdeutsche verdient sein Geld mittelbar oder unmittelbar in der Autoindustrie – sei es, daß er an einem Zeichentisch als Konstrukteur arbeitet, an einer Tankstelle den Zapfhahn in den Einfüllstutzen tankender Personenwagen steckt oder in einer der zahllosen Zulieferfabriken tätig ist. Viele unserer jungen Leser werden, wenn sie die Schule verlassen haben, einen Beruf wählen, in dem sie ebenfalls mit der Autoindustrie zu tun haben. Aber auch für die übrigen wird es interessant und nützlich sein, etwas über das Automobil und seine Geschichte zu erfahren.

WAS IST WAS, Band 53

Dieses Buch ist auf chlorfrei gebleichtem Papier gedruckt.

Bildquellennachweis:
auto motor und sport/Hofmann: S. 43 o; sport auto/Reinhard: S. 41; Volkswagen AG: S. 29 o, S. 29 u, S. 30 o, S. 31 o, S. 31 m, S. 32 o, S. 33 o, S. 34 o, S. 34 ul, S. 34 ur, S. 35, S. 36 o, S. 36 u, S. 37, S. 44/45, S. 46 o.
Illustrationen: H. Huckfeldt: S. 22 o; Anne-Lies Ihme: S. 6 o, S. 18 u, S. 20, S. 21, S. 22, S. 24 u, S. 25 o, S. 26 o, S. 26 u, S. 27, S. 46 u; Gerd Werner: S. 4, S. 6 u, S. 8, S. 16, S. 25, S. 38, S. 40.

ISBN 3-7886-0293-7

Inhalt

Vier Meter und höher sind die Felsen, aus denen vor rund 4000 Jahren in Stonehenge (England) eine Kultstätte gebaut wurde. Zum Bauplatz rollte man die Felsen mit Walzen, den Vorläufern des Rades

Mit einer Walze fing es an

Was ist schwerer: rollen oder schieben?

Jedesmal, wenn unsere Urväter in grauer Vorzeit eine schwere Last fortbewegen wollten, machten sie die gleiche Feststellung: Wollten sie zum Beispiel einen großen, kantigen Stein wegschleppen, mußten mehrere kräftige Männer anpacken. Einen gleich schweren, aber runden Stein konnte schon ein einziger Mann vor sich herrollen. Heute wissen wir, warum: Der Reibungswiderstand ist beim Rollen geringer als beim Schieben oder Ziehen. Das ist ein physikalisches Gesetz. Unsere Vorfahren wußten zwar nichts von ihm, aber sie nutzten es.

Irgendwann einmal vor Urzeiten ist dann ein Mensch auf eine ebenso einfache wie geniale Idee gekommen: Er legte einen schweren kantigen Stein, den er irgendwohin transportieren wollte, auf einen Baumstamm, den er vorher von seinen Ästen befreit hatte. Ein paar Freunde von ihm hielten den Stein auf dem Baumstamm fest. Wenn man nun den Baumstamm rollte, bewegte sich der Stein ebenfalls vorwärts – und zwar schneller als der Baumstamm unter ihm. Damit war das erste Transportmittel der Menschheit, die Walze, erfunden.

Wie sah der Urahn unserer Autos aus?

Die Sache mit der Walze hatte aber einen Nachteil. Schon nach ein paar Metern oder noch weniger, sobald nämlich der Stein die Walze „überholt" hatte, rutschte er von ihr

herunter. Nun mußte man den Baumstamm wieder vor den Stein tragen und den Stein wieder auf die Walze legen, es ging ein kleines Stück weiter, und dann fing alles wieder von vorn an.
Ein Genie der Vorzeit kam auf eine noch bessere Idee: Aus mehreren Baumstämmen baute er . . . nun, heute würden wir sagen, eine „Ladefläche“. Das war eine hölzerne Platte, in die vorn und hinten je zwei Pflöcke senkrecht eingesetzt waren. Der Abstand zwischen je zwei Pflöcken war so groß, daß sich zwischen ihnen die Walze drehen konnte. Dieses Gefährt konnte so lange vorwärts rollen, wie es nötig war – der Stein fiel nicht mehr herunter.
Dieses plumpe hölzerne Gebilde war der Vorläufer des Karrens. Es war aber auch der Ururgroßvater unseres Automobils.

Wann wurde das Rad erfunden?

Im Laufe der Jahrtausende wurde dieser Urkarren verbessert. Man merkte, daß der Karren sich leichter ziehen ließ, je runder und glatter die Walze war. Also schälten die Urmenschen die Holzstämme mit ihren primitiven Werkzeugen möglichst glatt und rund. Später entdeckten sie, daß man nicht die ganze Walze brauchte; es genügte, wenn die Walze an ihren äußeren Enden auf dem Boden auflag. Als man Feuersteinklingen mit gezähnten Schneiden versah, war die Säge erfunden. Mit solcher Säge schnitt man von der Walze zwei dicke Scheiben ab. Jede Scheibe bekam in der Mitte ein Loch. Ein Stamm, durch die beiden Löcher gesteckt, verband die beiden Scheiben miteinander – er bildete die Achse. So wurde etwa 4000 Jahre vor Chr. das Rad erfunden, die bedeutendste Erfindung, die je von Menschen gemacht worden ist.

Warum bekam das Rad Reifen?

Die ersten Räder waren also aus massivem Holz. Weil es schwer war, große Holzscheiben herzustellen, fügten die frühen Handwerker drei gleich große Kreisteile zu einer Kreisscheibe zusammen. Um diese Teile zusammenzuhalten und weil das Holz sich beim Fahren abschliff, bekam das Rad einen Reifen. In Babylonien und Assyrien wurden die ersten Reifen aus Leder, später aus Kupfer hergestellt.
Eine alte Zeichnung aus Ur in Mesopotamien beweist, daß man schon vor 5000 Jahren zweiachsige Wagen bauen konnte. Diese Wagen waren aber ziemlich schwer und unhandlich. Um das Gefährt leichter zu machen, sägte man große Löcher in die Räder. So kam man schließlich zum Speichenrad.
Jahrtausendelang waren die beiden Achsen starr mit dem Fahrgestell verbunden; man konnte also keine Kurven fahren. Wollte man die Richtung ändern, wurden die Karren umgehoben. Um die Zeitenwende erfanden die Kelten den Lenkschemel. Die Vorderachse bekam ihr eigenes Fahrgestellteil und war nicht mehr starr mit der Hinterachse verbunden. Nun war der Wagen lenkbar.

Das ist der Urahn unserer Autos: Modell einer Walze, die sich unter der Ladefläche zwischen zwei hölzernen Pflockpaaren dreht

Die ersten Wagen waren Kriegsfahrzeuge. Schon vor 6000 Jahren rumpelten die Sumerer in ihren schreckenerregenden einachsigen Kriegswagen gegen den Feind.

Wie veränderte das Rad die Geschichte?

Diese Wagen wurden von Pferden gezogen. Das Rad veränderte die Kriegsführung, ja, sogar die Politik: Eine Armee auf Rädern war schnell und konnte große Gebiete erobern und beherrschen. Alle großen Reiche entstanden erst nach der Erfindung des Rades.

Das Rad bewirkte auch friedliche Veränderungen. Der vom Ochsen gezogene Wagen wurde zum Segen für die Bauern. Nun konnten sie ihre Erzeugnisse leichter über Land transportieren. In zentral gelegenen Ortschaften entstanden Märkte; sie wurden oft zum Mittelpunkt aufblühender Städte.

Um die Zeitenwende stand der antike Wagenbau in seiner Hochblüte. Unter Kaiser Trajan (53–117 n. Chr.) hatte das römische Straßennetz die phantastische Länge von insgesamt 80 000 Kilometern; es reichte von der Nordsee bis zur Sahara und nach Vorderasien. Über alle diese gut ausgebauten Straßen rollten die flinken Wagen und verbreiteten römisches Gesetz, römische Kultur und Zivilisation.

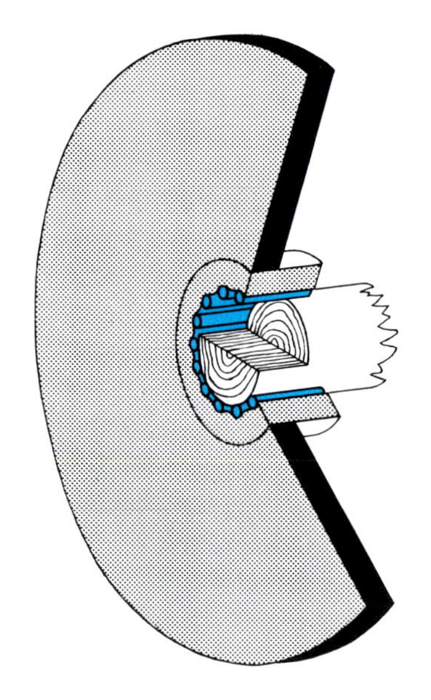

Die Kelten trennten etwa um die Zeitenwende Achsen und Räder, die bis dahin starr miteinander verbunden waren. Die Achse wurde in 14 kleinen Walzen aus Hartholz gelagert. Jetzt drehte sich das Rad leichter

Mit dem Zerfall des Römischen Reiches zerfielen auch seine Straßen. Die Decken rissen auf, Schlagloch reihte sich an Schlagloch, und wer nicht unbedingt mit einem Wagen fahren mußte, zog den Fußmarsch oder den Pferderücken vor.

Woher kommt das Wort „Kutsche“?

Denn noch waren die Wagen ungefedert. Erst im 15. Jahrhundert wurde in Ungarn die Federung erfunden: Die Wagenkästen wurden an Seilen und Riemen aufgehängt. Diese Erfindung wird einem Bauern in dem ungarischen Dorf Kocs zugeschrieben; das Wort „Kutsche“ erinnert noch heute an den Geburtsort des Erfinders.

Wie schon vor 4000 Jahren im Industal (unser Bild) fahren noch heute viele Bauernkarren in der Türkei auf Rädern, die aus mehreren Teilen zusammengesetzt sind und mit Metallreifen zusammengehalten werden

Triumphwagen des Kaisers Maximilian I. (1493—1519), nach einem Kupferstich von Albrecht Dürer. Weil der Antrieb unsichtbar war, galt dieses Fahrzeug als „Automobil". Es wurde von Männern bewegt, die im Innern des Wagens in Treträdern liefen

Ebenso alt wie der Wagen, der von Menschen oder Tieren gezogen wird, ist der Traum von dem Fahrzeug, das sich von selbst bewegt, der Traum also vom Automobil. Das Wort kommt aus dem Griechischen. „Auto" heißt selbst, und „mobil" heißt beweglich. Das Automobil ist also ein Fahrzeug, das sich selbst bewegt.

Wann wurde das erste Windauto gebaut?

Schon der ägyptische König Amenemhet III. (1844–1797 vor Chr.) ließ ein Fahrzeug bauen, das weder von Menschen noch von Tieren gezogen wurde. Seine Antriebskraft war der Wind. Solche Windmobile gab es wenig später auch in China und in den weiten Steppen Rußlands.

Um das Jahr 1600 ließ Prinz Moritz von Nassau von dem holländischen Mathematiker Simon Stevin ein vierrädriges Fahrzeug mit zwei Masten bauen, um damit an der Küste von Scheveningen spazierenzufahren. Bei gutem Wind lief es auf hartem Sand etwa 20 km in der Stunde.

Im alten Griechenland wurden die ersten Fahrzeuge gebaut, die nicht von Menschen gezogen, sondern geschoben wurden. Da die Menschen im Innern der Wagen verborgen, also unsichtbar waren, galten diese Gefährte als „Automobile". Sie wurden vor allem bei kultischen Handlungen verwendet. König Philipp von Mazedonien (359 bis 336 v. Chr.) ließ Belagerungstürme bauen, die von Menschen vorwärts bewegt wurden. Im Innern der Maschine liefen viele Soldaten in großen Treträdern, die die kleinen Laufräder der schweren Fahrzeuge bewegten. Andere von Menschen bewegte Fahrzeuge waren die Vorläufer der heutigen Fahrräder. Schon im alten Ägypten und China verband man zwei Räder mit einer Stange, auf der ein Mensch saß, der das Gefährt zum Rollen brachte, indem er sich mit den Füßen vom Boden abstieß. Erst im 19. Jahrhundert wurde das lenkbare Fahrrad mit Tretkurbeln als Antrieb erfunden.

1771 fuhr Cugnot mit seinem Dreirad gegen eine Mauer. Das war der erste Autounfall der Welt

Wer fuhr das erste Automobil?

Inzwischen hatte der Dampf begonnen, die Welt zu verändern. James Watt erfand 1764 die Dampfmaschine, und schon fünf Jahre später rumpelte, pufft und zischte der erste Dampfwagen über die Straßen von Paris. Der Mann, der diesen Wagen gebaut hatte, war der französische Ingenieur Nicolas Joseph Cugnot. Er ist der erste Mensch, der je am Steuer eines wirklichen „Automobils" gesessen hat.

Cugnot hatte seine Maschine im Auftrag des französischen Kriegsministeriums gebaut. Sie sollte Feldgeschütze ziehen. Der Wagen hatte drei Räder und ein Chassis aus schwerem Holz. Seine dicken Kupferkessel, die beiden riesigen 50-Liter-Zylinder, aus denen der Dampf kam, und der primitive Antriebsmechanismus – das alles hing an dem einzigen Vorderrad, mit dem man dieses Ungeheuer lenkte. Es ließ sich schwer lenken und noch schwerer bremsen: Bei einer Probefahrt fuhr Cugnot gegen eine Mauer, ein andermal walzte er einen langen Zaun nieder. Der Kriegsminister war enttäuscht, und das dampfende Ungetüm verschwand in einer Scheune. Heute ist es ein Prunkstück des Nationalmuseums für Künste und Handwerk in Paris.

Die Idee, einen Dampfkessel auf Räder zu setzen, tauchte dann wieder in England auf. 1784 baute William Murdock aus Redruth in Cornwall eine kleine fahrende Dampfmaschine. Eines Nachts lief ihm das Ding unter furchtbarem Getöse einfach davon – sehr zum Schrecken des Nachtwächters, der glaubte, ihm sei der Teufel erschienen. Murdock konnte seine Versuche nicht lange fortsetzen. Sein Chef war nämlich niemand anders als James Watt, der Dampfmaschinenerfinder. Mag sein, daß er auf die Erfolge seines Untergebenen eifersüchtig war – jedenfalls gab er ihm so viel zu tun, daß dem braven Murdock keine Zeit mehr für den Bau weiterer Dampfwagen blieb.

Aber der Gedanke des Dampfwagens blieb lebendig.

Wie schnell waren die ersten Dampfwagen?

Der britische Ingenieur Richard Trevithik baute einen Wagen, mit dem er 1801 eine richtige Fahrt unternahm. Ein Augenzeuge berichtet: „Trevithik ließ seine Maschine 800 Meter weit fahren, sie trug acht Passagiere mit sich, schneller, als ein Mann gehen kann."

Nach 800 Metern streikte der Wagen. Der Augenzeuge berichtet weiter: „Das Fahrzeug wurde unter ein Dach geschoben, und die Mitfahrer gingen in ein Hotel, um sich bei einer guten Gans und scharfen Getränken zu trösten. Dabei vergaßen sie die Maschine. Das Wasser verkochte, das Eisen wurde weißglühend, und schließlich blieb nichts Brennbares mehr übrig – weder von der Maschine noch von dem ganzen Hotel."

Gehen, fahren, fliegen — alles mit Dampf: So sah um 1820 der englische Karikaturist McLean die Zukunft

England und Frankreich hatten damals die besten Straßen der Welt. Und diese Straßen füllten sich nun mit merkwürdigen Fahrzeugen. Sie waren meist knallbunt angemalt und sahen abenteuerlich aus – aber sie fuhren. Für Privatleute waren diese Dampfwagen allerdings zu kostspielig. Besitzer waren neugegründete Verkehrsgesellschaften, die mit ihren Lokomobilen gegen Entgelt Passagiere beförderten.

Wo fuhren die ersten Autobusse der Welt?

Die Passagiere von damals müssen mutige Leute gewesen sein. Es war schon gefährlich genug, sich diesen Ungeheuern mit ihren lächerlichen Bremsen, primitiven Kesseln und wackligen Steuervorrichtungen anzuvertrauen. Aber damit nicht genug – die Mitfahrer mußten sich überdies auch noch vor wütenden Bürgern schützen. In einem Buch aus jener Zeit heißt es: „Auf einer Fahrt von London nach Bath wurde Gurneys Apparat in Melksham angegriffen. Dort war gerade Jahrmarkt. Die Leute, vor allem Landarbeiter, glaubten, daß jede Art von Maschine sie brotlos machen könne. Mit dem Ruf ‚Nieder mit den Maschinen' stürmten sie das Fahrzeug und verletzten Mr. Gurney und seinen Assistenten schwer." Der „Assistent" war niemand anders als der Heizer.

Trotz dieser Angriffe und einiger Unfälle – 1834 wurden bei der Explosion eines Dampfwagens drei Menschen getötet – hatten die Dampfwagen immer mehr Erfolg. Ein Unternehmer kaufte drei Gurney-Maschinen und eröffnete einen Busdienst von Gloucester nach Cheltenham. In vier Monaten machte er 396 Reisen und legte dabei rund 5000 Kilometer zurück.

In den USA baute Oliver Evans, ein Mechaniker aus Philadelphia, seine berühmte Amphibien-Bagger-Dampfmaschine, Amerikas erstes Fahrzeug mit Dampfantrieb. Dieses Ungetüm, erbaut im Auftrag der städtischen Gesundheitsbehörde, wackelte tatsächlich mit eigener Kraft durch die Straßen Philadelphias zu einem Fluß, um dort das zu tun, wofür es gebaut war – zu baggern. Das Monstrum wog 20 Tonnen, hatte Eimerketten, Grabschaufeln und am Heck ein Rad wie ein Raddampfer, um sich auch im Wasser schwimmend fortbewegen zu können.

Besonders komisch war der Dampfwagen des Briten David Gordon. Er gab seinem Gefährt Räder und dampfgetriebene Beine, so daß sich das Fahrzeug wie ein Fußgänger bewegte.

Der Brite Richard Gordon war überzeugt, daß seine Dampfkutsche sich nicht nur auf Rädern fortbewegen könnte. Also gab er dem Fahrzeug Dampfbeine — und das Ding lief tatsächlich

Die neumodischen Wagen ohne Pferde liefen gut. Und gerade deshalb erregten sie den Neid und den Egoismus der neuen Eisenbahngesellschaften und der alten Pferdewagenbauer. Diese Konkurrenten wiegelten die Bevölkerung gegen den „modernen Unsinn“ auf: Da war zum Beispiel der großartige Dampfwagen der Konstrukteure Summer und Ogle. Dieses Fahrzeug beförderte 18 Passagiere mit 45 Stundenkilometer Geschwindigkeit. Dampfhasser sägten heimlich die Speichen des Fahrzeugs an, die Räder brachen, der Wagen stürzte um.

Warum verschwand der Dampfwagen von den Straßen?

Noch größer waren die Schwierigkeiten, die die Dampfgegner den Dampffreunden auf gesetzlichem Weg bereiteten. Da waren zunächst die auf ihr Betreiben erhobenen Straßenzölle: Zwischen Prescott und Liverpool zum Beispiel mußte ein Wagen mit vier Pferden vier Shilling Straßenzoll bezahlen, ein Dampfwagen vergleichbarer Größe dagegen zwei Pfund acht Shilling. Das war die zwölffache Gebühr.

Diese Gebühren zwangen die meisten Dampfwagen-Unternehmer in den Konkurs. Nur ein paar superreiche Lords hielten sich noch Dampffahrzeuge, bis schließlich das „Rote-Flaggen-Gesetz“ erlassen wurde. Es galt von 1865 bis 1896 und bestimmte, daß niemand, selbst bei Reisen über Land, schneller als sechs Stundenkilometer fahren durfte, in der Stadt sogar nur drei. 50 Meter vor der Maschine mußte ein Mann herlaufen, bei Tag mit einer roten Flagge, bei Nacht mit einer roten Laterne. Dieses Gesetz war das Todesurteil für die Dampfwagen.

Auch in den anderen Industriestaaten hatten die Dampfwagen keine echten Chancen mehr. Verkehrsgesellschaften kauften lieber die billigeren Pferdebahnen oder die zuverlässigeren Lokomotiven, und für die Reichen war immer noch die reichgeschmückte offene Kalesche hinter zwei edlen Vollblütern das Wohlstandssymbol.

Der Dampfwagen verschwand also wieder von den Straßen. Zwar wurden noch 1920, vor allem in den USA, vereinzelt Dampfwagen gebaut. Aber ihre eigentliche Zeit war mit der Jahrhundertwende vorbei.

„Die größte mechanische Ausstellung der Welt“ verhieß 1830 dieses Plakat am New Yorker Broadway. Gezeigt wurde ein Dampfwagen, der laut Plakat „von Wissenschaftlern als wunderbarste Erfindung der Neuzeit“ gepriesen wurde. Der Wagen, hieß es, sei „leicht und stark und leichter zu lenken als jedes Pferd“. Das Dampfrad unten wurde als „Triumph der Mechanik“ bezeichnet. Es kletterte angeblich jeden Berg hinauf und war „schneller als jedes Pferd der Welt“. Der Eintrittspreis zur Ausstellung betrug 25 Cents, das war etwa eine Goldmark

Wie das Auto geboren wurde

Womit wurden die ersten Verbrennungsmotoren angetrieben?

Die Idee, die schnelle Verbrennung chemischer Stoffe als Kraftquelle zu benutzen, war nicht neu. Schon vor 300 Jahren hatten Christian Huygens und Denis Papin mit Schießpulver als Antriebsmittel experimentiert. Aber sie hatten wohl immer zu viel genommen – ihre Konstruktionen flogen ihnen regelmäßig um die Ohren. Schließlich wurden ihnen die Versuche mit der „Pulvermaschine" verboten.
Erst als man entdeckte, daß manche Gase verhältnismäßig langsam verbrennen, kam man ein Stück weiter. Im Jahr 1804 baute der Schweizer Isaac de Rivaz einen Verbrennungsmotor, den er mit Wasserstoff antrieb. Diesen Motor setzte er auf vier Räder, zündete seinen Wasserstoff – und der Wagen sprang tatsächlich einen Meter nach vorn. Am 30. Januar 1807 wurde Rivaz die „Verwendung der Explosion von Leuchtgas oder anderen gasförmigen Stoffen als Motorkraft" mit einem Patent geschützt.
Über ein halbes Jahrhundert später, 1860, baute ein Franzose, der ehemalige Kellner Jean Joseph Lenoir, einen Leuchtgas-Motor. Das Gas wurde mit glühender Kohle gezündet. Auch er setzte den Motor auf ein Chassis und fuhr damit bei Paris spazieren.
Zur gleichen Zeit etwa bastelte in Wien ein Erfinder an dem ersten echten Vorläufer unseres heutigen Automobils. Siegfried Marcus war gebürtiger Mecklenburger und hatte bei Siemens und Halske in Hamburg das Schlosserhandwerk erlernt. Später ging er nach Wien. Dort begann er, einen Verbrennungsmotor zu bauen.
Das war ein wassergekühlter Einzylinder. Als Kraftstoff benutzte Marcus ein Erdölprodukt, das man in Apotheken kaufen konnte – Benzin. Durch rotierende Spritzbürsten, die in den Benzinbehälter tauchten, wurde es vergast

und dann elektrisch gezündet. Der Motor wog 280 kg; der Handwagen, auf den Marcus seine Konstruktion setzte, lief mit sechs Stundenkilometer. Um zu starten, mußte man den Wagen an der Hinterachse hochheben und die Hinterräder drehen, bis der Motor ansprang. Wenn man den Wagen dann wieder auf die Erde setzte, fuhr er los. Kupplung und Bremsen hatte das Fahrzeug nicht.

Marcus baute drei Wagen, mit jedem ratterte er durch die Straßen von Wien. Als die Polizei sich schließlich über den Krach seiner Motorwagen beschwerte und mit Strafe drohte, wandte sich Marcus anderen, weniger aufregenden Erfindungen zu.

Das erste praktisch brauchbare Automobil der Welt: Karl Benz' dreirädriger Motorwagen, gebaut 1885. Der Motor hatte $^{2}/_{3}$ PS

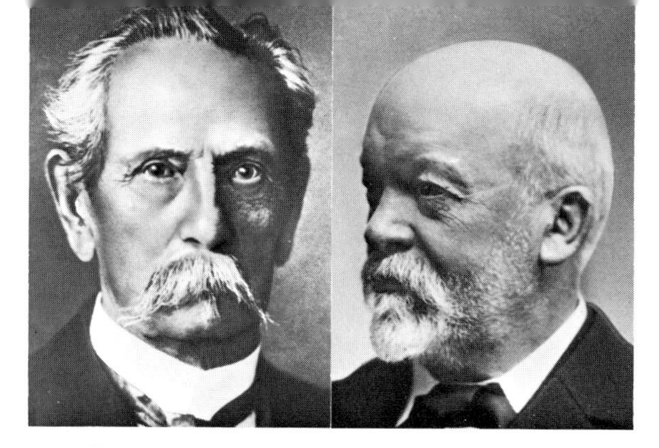

Karl Benz *Gottlieb Daimler*

1885: Daimlers erstes Motorrad: 1 Zylinder ½ PS

Zur gleichen Zeit baute in Köln der ehemalige Handelsreisende Nikolaus August Otto ebenfalls einen Verbrennungsmotor. Dieser lief wie Lenoirs Maschine mit Leuchtgas, brauchte aber kaum halb so viel Kraftstoff und lief doppelt so schnell. Für diesen Motor erhielt Otto auf der Pariser Weltausstellung 1867 eine Goldmedaille. Sein Motor war eine großartige Kraftquelle für ortsgebundene Anlagen. Zum Einbau in Fahrzeuge war er jedoch zu schwer.

Wofür erhielt Nikolaus Otto eine Goldmedaille?

Otto ruhte nicht auf seinen Lorbeeren aus. Anstatt Leuchtgas wollte er flüssige Stoffe verwenden. So erfand er einen Vorläufer des heutigen Vergasers. Außerdem baute er als erster Konstrukteur mehrere Zylinder hintereinander zu einem Motor zusammen. Damit wurde der Lauf ruhiger und weniger ruckartig. 1873 gründete Otto in Deutz bei Köln mit Eugen Langen die „Deutz-Maschinenwerke", in denen er seine Otto-Motoren baute und gut verkaufte.

Technischer Direktor dieser Fabrik war ein Mann namens Gottlieb Daimler. Er war mit Ottos immer noch recht schwerfälligen Motoren nicht zufrieden. Nach vielen Streitereien mit seinem Chef kündigte er und machte sich selbständig. Mit seinem Freund Wilhelm Maybach, der Konstrukteur bei Otto gewesen war, eröffnete er in Bad Cannstatt eine Versuchswerkstatt.

Wenig später lief dort ein schöner, kompakter und schnell drehender Motor mit 750 Umdrehungen pro Minute und Glührohrzündung. Otto hatte sein Gas-Luft-Gemisch mit einer offenen Gasflamme entzündet; Daimler benutzte eine kleine Platinröhre, die wie die heutigen Zündkerzen seitlich in den Verbrennungsraum hineinragte. Ein Bunsenbrenner erhitzte diese Röhre zur Weißglut. Wenn der Kolben das Gasgemisch zusammengedrückt hatte, gelangte etwas davon in das Röhrchen und entzündete sich.

Wie stark war Daimlers erster Motor?

1883 erhielt Daimler ein Patent auf seinen Motor, den er inzwischen auf Benzinantrieb umgebaut hatte. Als er diese Konstruktion seinem ehemaligen Chef Langen zur Verwendung anbot, lehnte dieser ab. Er bedaure, ließ er Daimler schriftlich wissen, daß dieser sich „noch immer auf den Nebenwegen der Technik" verirre und den „großen Zug der Zeit" übersehe.

Daimler hatte sich inzwischen eine neue große Aufgabe gestellt: Er wollte seinen Motor mit einem Fahrzeug verbinden. 1885 baute er einen seiner Motoren in ein Zweirad eigener Konstruktion ein. Es war ein primitives Holzgestell mit Eisenreifen und zwei Stützrädern. Über dem Motor (Leistung ein halbes PS) wölbte sich ein großer Ledersattel; der Benzintank befand sich daneben, am Brenner konnte man sich das rechte Knie verbrennen.

Panhard-Levassor, 4 PS, Baujahr 1893

Mercedes Cardan-Wagen, 60 PS, Baujahr 1916

„Daimlers Petroleum-Wagen" – so hieß das Ding offiziell – lief. Am 10. November 1885 fuhr Daimlers Sohn Paul die drei Kilometer von Bad Cannstatt nach Untertürkheim und zurück. Das war die Weltpremiere des Motorrades.

Wie viele Räder hatte der erste „Benz"?

Den Schritt vom Zwei- zum Dreirad, also vom Motorrad zum Auto, vollzog jedoch nicht Daimler, sondern Karl Benz in Mannheim. Benz, Sohn eines Schwarzwälder Lokomotivführers, gründete nach dem Studium an der TH Karlsruhe eine „Mechanische Werkstatt" in Mannheim. In der Silvesternacht 1879/80 lief hier Benz' erster Eigenbau, dazu bestimmt, Wasserpumpen, Drehbänke oder Bohrmaschinen anzutreiben. Die Zündung in diesen Motoren war fast genau die gleiche, die wir heute noch haben, mit Batterie, Verteiler und Zündkerzen.
Das Geschäft ging blendend, aber Benz hatte sich wie Daimler in den Kopf gesetzt, ein Fahrzeug für seine Motoren zu bauen. Im Frühjahr 1885 war es soweit: Benz' erstes Auto hatte drei Räder, einen wassergekühlten Einzylinder-Heckmotor mit 3/4 PS und 300 Umdrehungen pro Minute. Nackt und ungeschützt ragte die Kurbelwelle aus dem waagerecht liegenden Zylinder heraus. Wie Daimlers Motor – den Benz ebensowenig kannte wie seinen Erfinder – hatte auch sein Motor Riemen- und Kettenantrieb. Aber er hatte schon ein Differential (Erklärung siehe Seite 27). Seine Geschwindigkeit: 16 km/h. Am 29. Jan. 1886 erhielt Benz auf sein „Fahrzeug mit Gasmotorenbetrieb" das Deutsche Reichspatent Nr. 37 435, zwei Monate später das französische Patent.
Benz war aber immer noch nicht zufrieden. Immer wieder bastelte er an seinem Auto herum, und wenn die Batterie vom vielen Experimentieren wieder einmal leer war, und das war sie fast jeden Abend, nahm er sie nachts mit nach Hause. Dort schloß er sie an einen Generator an, den seine Frau mit dem Fußtreter der Nähmaschine betrieb. So erzeugte sie den Strom, den Karl Benz am nächsten Tage brauchte.

Wie alt war der erste Überlandfahrer?

Frau Bertha Benz war aber nicht nur eine sehr fleißige, sondern auch sehr mutige Frau. Eines Morgens setzte sie sich mit ihren beiden ältesten Kindern in das Auto und fuhr damit von Mannheim nach Pforzheim zum Einkaufen. Eugen Benz, 15 Jahre alt, saß am Steuer. Wurde die Straße zu steil, stiegen sie aus und schoben. Aber sie schafften es. Damit hatte das Automobil die erste Fern- und Zuverlässigkeitsfahrt mit Bravour bestanden – mit einem Jungen am Steuer.
Am nächsten Tag stellte das Großherzoglich-Badische Bezirksamt dem Fabrikbesitzer Benz einen Führerschein aus – den ersten der Welt. Er berech-

tigte seinen Inhaber zur „Durchführung von Versuchsfahrten mit seinem Patentmotorwagen in Mannheim und Umgebung", allerdings mit der Einschränkung, daß Benz „für alle Schäden, die durch den Gebrauch des Wagens für andere entstehen, zu haften" habe.

In den folgenden Jahren wurden die Fahrzeuge von Daimler und Benz einander immer ähnlicher, obwohl die Erfinder kaum Kontakt miteinander hatten. Benz und Daimler gingen beide zum Vierradwagen über, und Daimler hatte für seinen Wagen nach dem Benzschen Vorbild ein Stahlfahrgestell bauen lassen. Inzwischen hatte Bosch die Zündkerze, Maybach den

In welchem Land wurde das Auto zuerst populär?

Das Modell T (Tinny Lizzy = Blechlieschen) von Henry Ford wurde als erstes Auto der Welt am Fließband gebaut. Allein am 31. Oktober 1927 liefen 9109 „Lizzies" vom Band. Bei Volvo in Schweden wurde das Fließband jetzt wieder abgeschafft. Ergebnis: Die Produktionszahlen sanken, aber die Qualität stieg

Vergaser in seiner heutigen Form und Dunlop den Luftreifen erfunden. Alle drei Erfindungen wurden von Daimler und Benz in ihren Fahrzeugen verwendet.
Populär wurde das benzingetriebene Fahrzeug jedoch erst durch die Franzosen. Emile Levassor, Mitbesitzer einer Bandsägenfabrik in Paris, hatte das neue Daimlermodell auf der Weltausstellung 1889 in Paris gesehen. Er erwarb die Nachbaulizenz und baute einen eigenen Wagen. Und dieser Wagen war der Prototyp für fast alle Autos, die seither gebaut worden sind: Motor vorn, dahinter Kupplung und Getriebekasten, zwischen den Hinterrädern das Differential. So entstand das Auto, wie wir es heute kennen. Ganz Frankreich war von diesem Auto begeistert. Kein Wunder – Frankreich war das einzige Land der Welt, in dem es lange und gute Straßen gab, die Franzosen hatten sich immer schon für alles Neue begeistert, und in Frankreich gab es genug reiche Leute, die sich diese Autos kaufen konnten.
Schließlich begannen auch die amerikanischen Millionäre, die modernen Selbstfahrer aus Europa zu importieren. Der erste benzingetriebene Wagen „made in USA" wurde 1893 von Frank Duryea vorgeführt. Nur 15 Jahre später, 1908, führte Henry Ford das Fließbandsystem für den Autobau ein und begann mit der Produktion seines Modells „T", genannt „Tinny Lizzy" (Blechlieschen). Es wurde 19 Jahre lang fast unverändert gebaut. 1927, an seinem letzten Produktionstag, hatten genau 15 007 033 Ford T's das Fließband verlassen – ein Rekord, der erst am 17. 2. 1972 mit dem 15 007 034. VW-Käfer in Wolfsburg überboten wurde.
In den zwanziger Jahren war das Auto in allen Industrieländern eine selbstverständliche Erscheinung auf den Straßen, ein bewährtes Verkehrs- und Transportmittel.

Wie ein Auto funktioniert

Blick auf das Armaturenbrett eines modernen Wagens: Mercedes 280, 6 Zylinder, 160 PS, etwa 200 km/h

Aus wie vielen Teilen besteht ein Auto?

Ein Personenwagen besteht aus einer großen Anzahl von Einzelteilen; der VW-Käfer zum Beispiel, das meistgebaute Auto der Welt, wird aus fast genau 5000, meist verschiedenen Teilen zusammengesetzt. Nur wenn jedes Teil vorschriftsmäßig funktioniert, ist das Auto fahrfähig und verkehrssicher. Schon der Ausfall einer winzigen Schraube kann dazu führen, daß das Auto nicht mehr fahren kann.

Um seinen Wagen in Bewegung zu setzen, steckt der Fahrer zunächst den Zündschlüssel in das Zündschloß und dreht ihn nach rechts. Es ist interessant zu verfolgen, was in diesem Augenblick in dem Wagen geschieht.

Wenn man den Zündschlüssel ganz nach rechts dreht, schließt man damit einen Stromkreis, der von der Batterie (6 oder 12 Volt) ausgeht und den Anlasser in Gang setzt. Der Anlasser ist ein kleiner Elektromotor, der bei Personenwagen je nach Typ und Fabrikat ½ bis 3 PS leistet. Der Anlasser dreht das „Ritzel“, ein kleines Zahnrad, das die Drehbewegung an das Schwungrad weitergibt. Das Schwungrad sitzt fest auf der Kurbelwelle, die diese Drehbewegung mitmacht. Die Kurbelwelle ist über die Pleuelstangen mit den Kolben verbunden; ihre Rotation wird dadurch in das Auf und Ab der Kolben in den Zylindern umgesetzt. Nach ein paar Drehungen der Kurbelwelle zündet der Motor und läuft selbsttätig weiter.

Was ist ein Motor?

Der Motor ist, physikalisch gesehen, eine Maschine, die gespeicherte Energie, hier die Kalorien im Benzin, in Arbeit, also in Bewegung, umformt. Die meisten heutigen Autos haben einen Viertaktkolbenmotor. Um die Arbeitsweise dieses Motors zu verstehen, ist es am besten, sich vorzustellen, was in einem einzelnen Zylinder geschieht. Im Zylinder gleitet ein Kolben auf und ab. In den Kolben eingelassene Kolbenringe sorgen dafür, daß Kolben und Zylinderwand fugendicht abschließen. Am oberen Ende des Zylinders ragen die Zündkerze, das Einlaß- und das Auslaßventil in den Verbrennungsraum, also in den Raum zwischen Zylinderkopf und Kolbenoberseite.

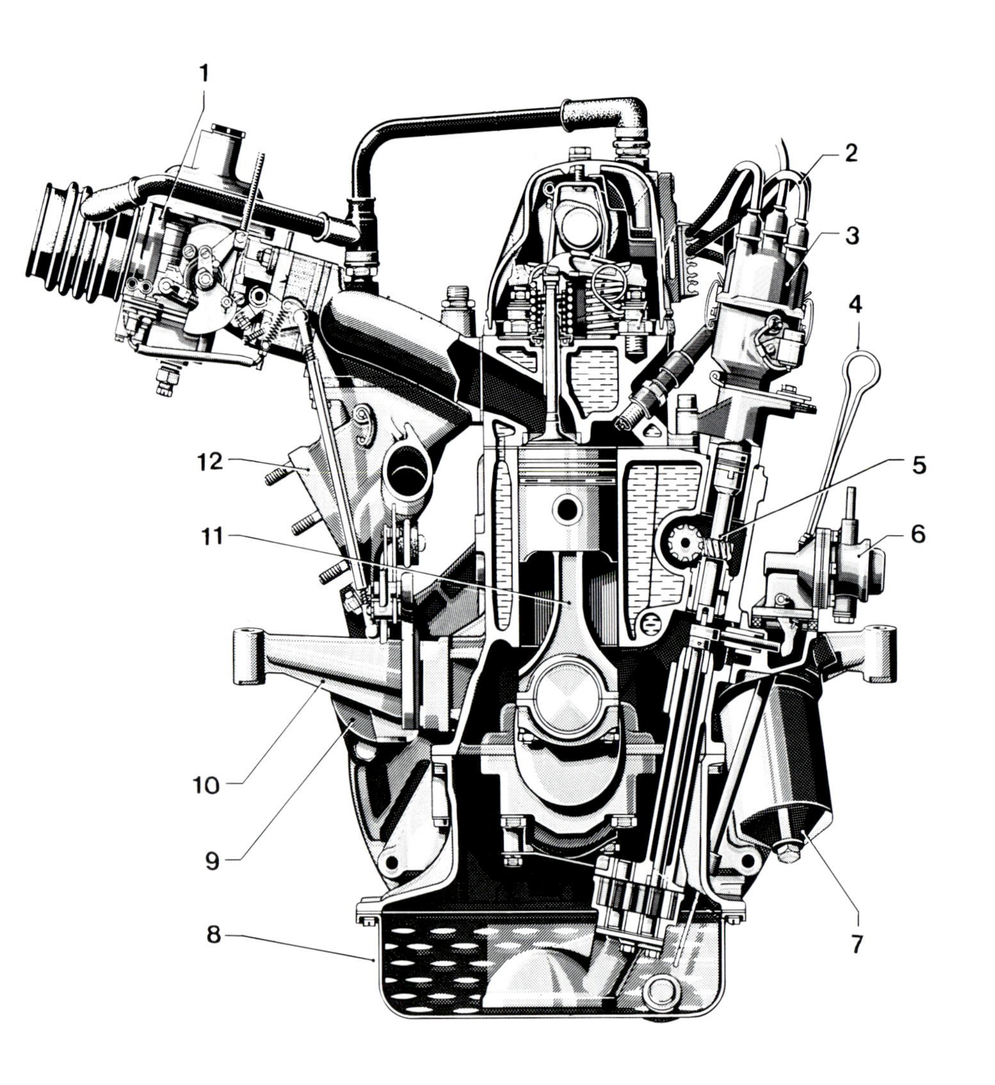

Schnitt durch einen Viertakt-Motor

1 Vergaser
2 Zündleitungen
3 Zündverteiler
4 Ölmeßstab
5 Antriebswelle
6 Kraftstoffpumpe
7 Ölfilter
8 Ölwanne
9 Anlasser
10 Motorträger
11 Pleuelstange
12 Auspuffkrümmer

So arbeitet der Viertakter

Dieser Motor heißt „Viertakter", weil sein Arbeitsablauf aus einer Folge von vier Takten besteht. Ein „Takt" ist die Bewegung des Kolbens von unten nach oben oder von oben nach unten

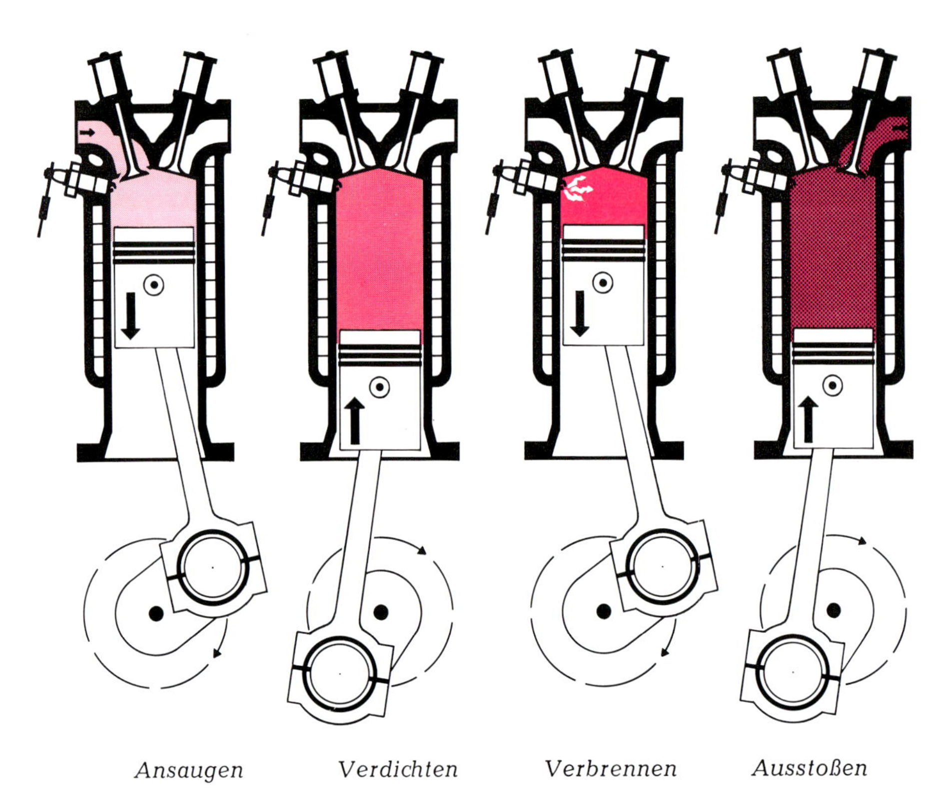

Ansaugen *Verdichten* *Verbrennen* *Ausstoßen*

Der Motor arbeitet in vier „Takten“.

Wie arbeitet ein Viertakt-Motor?

Beim ersten Takt gleitet der Kolben nach unten, also von den Ventilen weg. Dabei vergrößert sich der Verbrennungsraum und saugt durch das sich nun öffnende Einlaßventil ein Benzin-Luft-Gemisch an.
Im zweiten Takt geht der Kolben wieder nach oben. Jetzt sind beide Ventile geschlossen, der Verbrennungsraum verkleinert sich, und das Gemisch wird auf etwa ein Achtel seiner größten Ausdehnung „komprimiert“, das heißt zusammengedrückt. Wenn der Kolben fast ganz oben angekommen ist, springt an der Zündkerze ein Funke über. Dieser winzige Blitz entzündet das Gemisch, das nun sehr schnell verbrennt.
Dritter Takt: Die Verbrennungsgase dehnen sich aus und drücken den Kolben wieder nach unten. Dieser dritte Takt ist der eigentliche Arbeitstakt.
Im vierten Takt gleitet der Kolben wieder nach oben. Das Auslaßventil öffnet sich, der Kolben schiebt das verbrannte Gas durch dieses Ventil aus dem Verbrennungsraum, das Ventil schließt sich wieder. Wenn der Kolben nun wieder nach unten gleitet, saugt er neues Gemisch an – mit dem ersten Takt geht alles wieder von vorn los.
Im dritten Takt, also dem Arbeitstakt, wird ein Teil der Energie über die Kurbelwelle auf das Schwungrad übertragen. Der Schwung dieses Rades läßt den Kolben nach dem vierten gleich wieder in den ersten Takt übergehen. Ohne das Schwungrad könnte der Kolben nach dem vierten Takt am oberen Ende seines Weges stehenbleiben.
Während dieser vier Takte hat sich die Kurbelwelle zweimal um ihre Längsachse gedreht. Wenn sich eine Kurbelwelle 4000mal pro Minute dreht, nennt man das: Der Motor läuft mit 4000 Touren. Wissenschaftlich ausgedrückt heißt es: 4000 n.
Ein Motor gibt nur dann seine volle Leistung her, wenn die beiden Ventile genau zum richtigen Zeitpunkt geöffnet und geschlossen werden. Öffnet sich zum Beispiel das Einlaßventil zu spät, strömt nicht genug Gemisch in den Verbrennungsraum, und die Motorleistung sinkt. Schließt sich das Auslaßventil zu spät, saugt der Kolben noch etwas von dem verbrannten Gemisch in den Zylinder zurück, das unsaubere Gemisch läßt die Leistung sinken.
Bei den Öffnungs- und Verschlußzeiten geht es buchstäblich um Hundertstel Sekunden; sie müssen also genau gesteuert werden. Dafür sorgt ein kompliziertes System, das von der Kurbelwelle aus angetrieben wird.
An den Zündkerzen eines modernen Rennwagens springen pro Minute bis zu 100 000 Funken über. Das macht verständlich, warum Karl Benz schon 1878 die Zündung das „Problem aller Probleme“ nannte.

Die Zündung gehört zu den technisch

Wie entstehen im Auto 2000 Volt?

schwierigsten Dingen im Automobilbau. Wenn der Fahrer den Zündschlüssel herumdreht, setzt er nicht nur den Anlasser in Gang, sondern er schließt auch den Zündstromkreis. Dieser Kreis besteht aus Batterie, Unterbrecher, zwei Spulen, Verteiler und den Zündkerzen. Solange dieser Kreislauf besteht, bildet sich um die sogenannte Primärspule – sie besteht aus etwa 250 Windungen nageldicken Kupferdrahtes – ein Magnetfeld. Wenn die Kerze zünden soll, wird der Unterbrecher geöffnet, der Stromkreis fließt nicht mehr, das Magnetfeld um die Primärspule bricht zusammen und erzeugt dabei in der um sie herumgewickelten Sekundärspule einen Induktionsstrom.

Die Sekundärspule ist sehr eng gewikkelt, sie besteht aus 1500 Meter dünnstem Kupferdraht in 25 000 Windungen. Der Induktionsstrom hat daher nicht mehr 6 oder 12, sondern rund 2000 Volt Spannung. Dieser hochgespannte Stromstoß fließt durch einen eigenen Kreislauf zu der Zündkerze und springt in einem 0,8 mm langen Blitz von einer Elektrode auf die andere über. Dieser Blitz dauert nur etwa 1/1000 Sekunde. Das reicht aber, um das Gemisch zu entzünden.

Bei einem Motor mit mehreren Zylindern, also bei allen heutigen Autos, regeln Verteiler und Verteilerkopf die Zufuhr des Stromes zu jeweils der Kerze, die gerade einen Funken geben soll.

Um rationell und zuverlässig arbeiten zu können, braucht der Motor noch drei Dinge: Schmierung, Kühlung und geregelte Gemisch-Zufuhr.

Wozu braucht der Motor Öl?

Für die Schmierung sorgt das Öl. Es wird von der Ölpumpe durch feine Kanäle überall dorthin gepreßt, wo es nötig ist. Nötig ist es überall, wo sich Metall auf Metall bewegt. Die Ölmoleküle legen sich wie winzige Kugellager zwischen die Metallflächen und vermeiden so, daß diese sich durch harte Reibung übermäßig erhitzen und schließlich festbrennen. Die Ölpumpe drückt das Öl von den heißen Motorstellen wieder zu einem Ölkühler zurück. Dort wird das Öl gekühlt. Nun beginnt der Kreislauf aufs neue. Öl ist also nicht nur Schmier-, sondern auch Kühlmittel. Wichtigstes Kühlmittel jedes Motors ist jedoch nicht das Öl, sondern – je nach Fahrzeugtyp – Wasser oder Luft. Bei wassergekühlten Motoren sind Zylinderkopf und Zylinderblock doppelwandig. Zwischen den Wänden zirkuliert das Kühlwasser, dem im Winter ein Frostschutzmittel beigefüllt wird, damit es nicht gefriert. Das Wasser nimmt einen großen Teil der Motorwärme auf und wird dann von der Wasserpumpe in den Kühler gedrückt. In Fahrtrichtung hinter dem Kühler sitzt ein Ventilator, der zwischen den Kühlrippen hindurch Luft ansaugt. Dabei gibt das Wasser die aufgespeicherte Wärme an die vorbeiströmende Luft ab und läuft nun zum Motor zurück. Dort nimmt es wieder Wärme auf, geht zum Kühler usw. usw. Eigentlich ist also auch dieses System eine Luftkühlung; das Wasser transportiert die Wärme an die kühlende Luft heran.

Ganz ohne Wasser geht es bei der Luftkühlung ab. Ein vom Motor angetriebenes Kühlgebläse pustet Luft an die Außenwände des Zylinders. Dabei nimmt die Luft einen großen Teil der Verbrennungswärme mit. Um die Wärmeabgabe zu vergrößern, ist die Oberfläche des Zylinders durch aufgesetzte Kühlrippen erheblich vergrößert.

Das ist der Kreislauf des Kühlwassers: Die Wasserpumpe (1) treibt das kalte (graue) Wasser in den Motorblock (2), wo es die Wärme des Motors aufnimmt und sich erhitzt (rot). Durch den Kühlwasserschlauch (3) gelangt es in den Kühler (4). Die vom Ventilator (5) angesogene Luft kühlt das Wasser wieder ab. Es gelangt wieder zur Wasserpumpe, der Kreislauf beginnt wieder. Durch das Überlaufrohr (6) entweicht überschüssiges Wasser

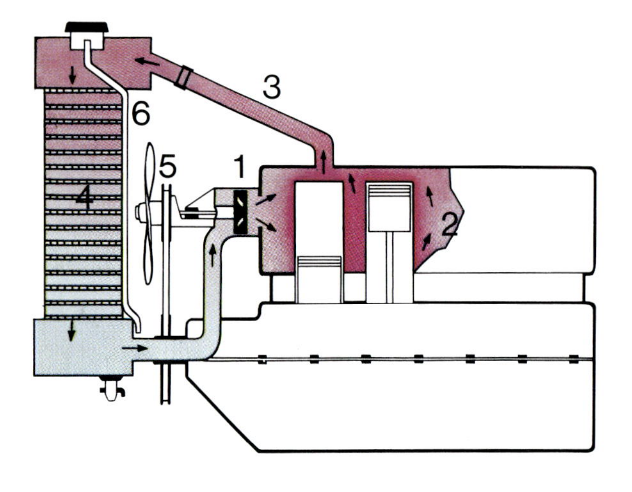

So merkwürdig es klingt: Benzin brennt nicht. Erst das zerstäubte Benzin, gewissermaßen ein Benzinnebel, kann sich mit Sauerstoff verbinden, also brennen. Es ist die Aufgabe des Vergasers, das unbrennbare Benzin in leicht entzündlichen Benzinnebel zu verwandeln. – Das Prinzip ist einfach: Wenn der Motor im ersten Takt Luft ansaugt, durchläuft diese in hoher Geschwindigkeit ein Rohr, das an einer Stelle eine Einschnürung aufweist. Hier entsteht an der Rohrwand ein Sog. Genau an dieser Stelle ragt ein dünnes Röhrchen in den Luftkanal. Es ist oben offen und mit Benzin gefüllt. Durch den Sog wird das Benzin aus dem Röhrchen gerissen und zerstäubt – fertig ist das Gemisch. Eine sinnreiche Vorrichtung, bestehend aus Schwimmerkammer, Schwimmer und Schwimmernadel, vergleichbar etwa mit dem Spülkasten im WC, läßt ständig so viel Benzin in das Röhrchen nachfließen, wie der Luftstrom mitgenommen hat.

Kann Benzin brennen?

Das ist der Vergaser bei Vollgas (links) und bei Leerlauf (rechts): Bei Vollgas steht die Drosselklappe (1) parallel zum Luftstrom. Der Kraftstoff tritt durch die Hauptdüse (2) in das Mischrohr (3) ein, wird dort von der vorbeiströmenden Luft vergast und kommt als Gemisch in den Motor. — Bei Leerlauf ist die Drosselklappe geschlossen. Luft und Kraftstoff vereinen sich in der Leerlaufdüse (4) zum Gemisch und fließen zum Motor

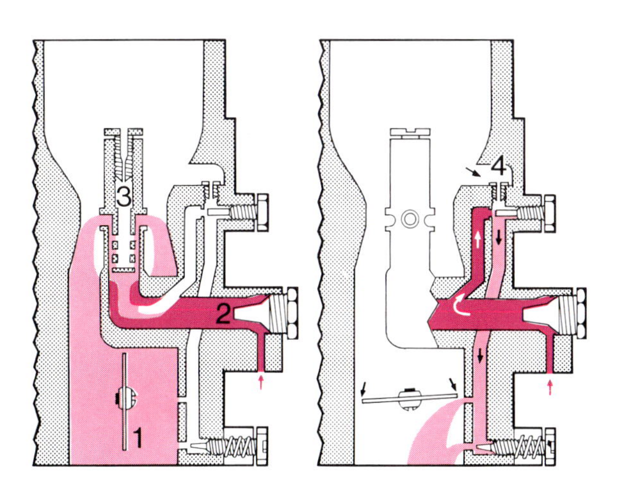

Im Vergaser befindet sich die Drosselklappe, die durch ein Gestänge mit dem Gaspedal des Fahrers verbunden ist. Soll das Auto langsam fahren, tritt der Fahrer nur schwach auf das Gaspedal. Die Drosselklappe dreht sich dann im Vergaserrohr so, daß sie die Zuleitung fast ganz verschließt: Der Motor bekommt nur wenig Gemisch zugeführt, die Tourenzahl sinkt und damit auch die Geschwindigkeit. Will der Fahrer schnell fahren, tritt er das Gaspedal durch. Die Drosselklappe steht nun parallel zum Luftstrom, der Sog des Motors wird durch nichts mehr behindert, die Zylinder bekommen ein Maximum an Treibstoff – der Wagen fährt nun Vollgas.

Warum braucht der Zweitakter keine Ventile?

Im Gegensatz zum Viertakter ist beim Zweitakter – der Name sagt es – jeder zweite Takt ein Arbeitstakt; auf jede Umdrehung der Kurbelwelle kommt eine Explosion. Und so geht es im Zweitakter zu: Der Kolben gleitet nach oben und verdichtet das Gemisch. Gleichzeitig saugt die Kolbenunterseite frisches Gemisch in das Kurbelgehäuse. Die Kerze zündet, die verbrennenden Gase drücken den Kolben nach unten. Dabei preßt die Kolbenunterseite das neue Gemisch durch den Überströmkanal in den Verbrennungsraum, das neue Gemisch drückt dabei das alte, verbrannte Gas durch die vom Kolben freigegebene Auslaßöffnung aus dem Zylinder heraus.
Zweitakter haben keine Ventile, keine Kipphebel, keine Stößelstangen und keine Nockenwellen. Ihre Arbeitsweise ist also unkomplizierter als die des Viertakters, sie vertragen daher auch höhere Drehzahlen. Weil sie aber bei

So arbeitet ein Katalysator

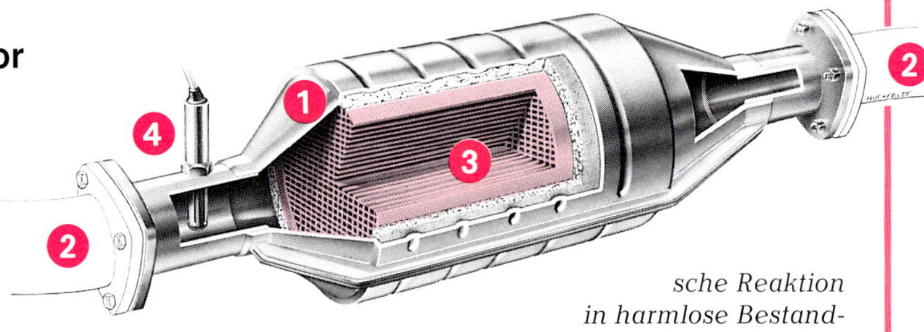

Um den Schadstoffausstoß möglichst gering zu halten, hat jedes vierte Auto der 36 Millionen deutschen Autos (Stand 1992) einen Katalysator, kurz „Kat" genannt. Er ist aus Keramik oder Stahl und sitzt in einer Schutzhülle (1) aus Stahl, Eisen- und Steinwolle unter dem Bodenblech am Auspuffrohr (2). Die Oberfläche der Kanäle (3) im Kat sind mit Edelmetallen (Platin, Rhodium, Palladium) beschichtet.
Die aus den Zylindern kommenden Abgase passieren zunächst die elektronisch gesteuerte Lambda-Sonde (4), die für einen gleichmäßig hohen Sauerstoffanteil im Gemisch sorgt. Beim Durchströmen der Kanäle im Kat werden bis zu 90 Prozent der Schadstoffe durch chemische Reaktion in harmlose Bestandteile umgewandelt: Kohlenmonoxid (CO) und Kohlenwasserstoffe (HC) in Kohlendioxid (CO_2) und Wasser (H_2O), Stickoxide (NO_x) in Stickstoff (N_2). Der ungeregelte Kat hat keine Sonde und läßt 40 Prozent der Abgase ungereinigt austreten.

jedem zweiten Takt Arbeit leisten, werden ihre Einzelteile mehr beansprucht. Im Automobilbau werden Zweitakter nur noch selten verwendet.

Warum hat der Dieselmotor keine Zündkerzen?

Wer schon einmal ein Fahrrad aufgepumpt hat, wird gemerkt haben, daß die Luftpumpe allmählich heiß wird. Der Grund: Druck erzeugt Hitze. In der Pumpe wird die Luft zusammengedrückt, also wird sie heiß.
Diese Erkenntnis machte sich Rudolf Diesel (1858–1913), der Erfinder des nach ihm benannten Motors, zunutze. Der Viertakt-Diesel arbeitet genau wie ein normaler Viertakter: ansaugen, verdichten, verbrennen, ausstoßen.
Bei dem normalen Viertakter wird ein Gemisch angesaugt und durch Verdichten auf etwa 400 Grad erhitzt. Der Diesel dagegen saugt nur reine Luft an und komprimiert sie so, daß die Temperatur 600 bis 900 Grad erreicht. Im dritten Takt wird durch hauchdünne Düsen Öl in die glühend heiße Luft gesprüht, der Ölnebel entzündet sich – und nun geht es wie beim normalen Viertakter weiter. Zündkerzen sind also beim Diesel nicht nötig.

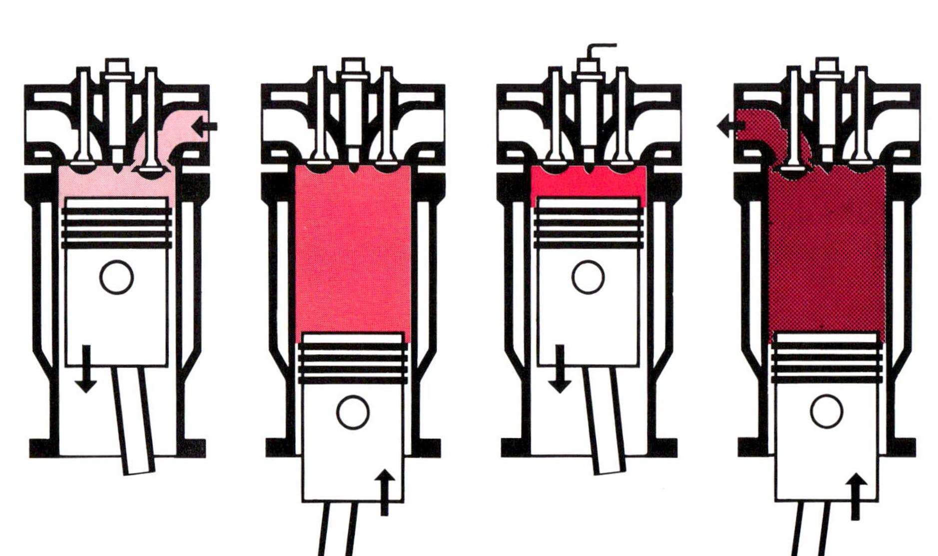

So arbeitet der Diesel-Motor

Der Diesel funktioniert im Prinzip wie der normale Viertakter — mit einem Unterschied: Er hat keine Zündkerzen. Das Gemisch wird im Diesel so stark verdichtet, daß es sich bei den dabei entstehenden hohen Temperaturen von selbst entzündet

Wegen der höheren Kompression werden Dieselmotoren sehr robust und schwer gebaut. Daher verwendet man sie im Autobau vor allem für Lastwagen. Da sie etwa 25 Prozent weniger Kraftstoff als ein „Benziner" verbrauchen, sind sie auch bei Autofahrern beliebt, die ständig unterwegs sind (Taxifahrer zum Beispiel), bei denen also der Kraftstoffverbrauch eine wesentliche Rolle spielt. Fast alle Großmotoren, wie Schiffsmaschinen usw., sind nach dem Diesel-Prinzip gebaut – aber als Zweitakter.

Warum haben moderne Autos mehrere Zylinder?

Bisher war nur von einem einzigen Zylinder die Rede. Alle modernen Autos haben aber vier, sechs oder mehr Zylinder. Es gibt Rennwagen mit 32 Zylindern. Die Mehrzylinder-Bauweise verteuert zwar die Herstellung des Autos, hat aber zwei große Vorteile: Mit mehr Zylindern kann mehr Kraft übertragen werden, und die Explosionsstöße werden gleichmäßiger verteilt. Der Einzylinder gibt nur bei jeder zweiten Kurbelwellenumdrehung einen Kraftstoß ab, der Vierzylinder bei jeder halben. Mehrzylinder laufen daher weicher und ruckfrei.

Da alle Zylinder eines Motors ihre Kraft auf eine gemeinsame Kurbelwelle abgeben, müssen sie nach einem bestimmten System zusammengebaut sein. Liegen sie hintereinander, nennt man den Motor einen „Reihenmotor". Stehen sie in einem Winkel zueinander, spricht man von einem V-Motor. Beträgt dieser Winkel 180 Grad, liegen sich die Zylinder also direkt gegenüber, heißt der Motor „Boxermotor" (VW-Käfer); die Bewegungen der jeweils gegenüberliegenden Kolben gleichen denen zweier Boxer, die sich gegenseitig zu treffen versuchen.

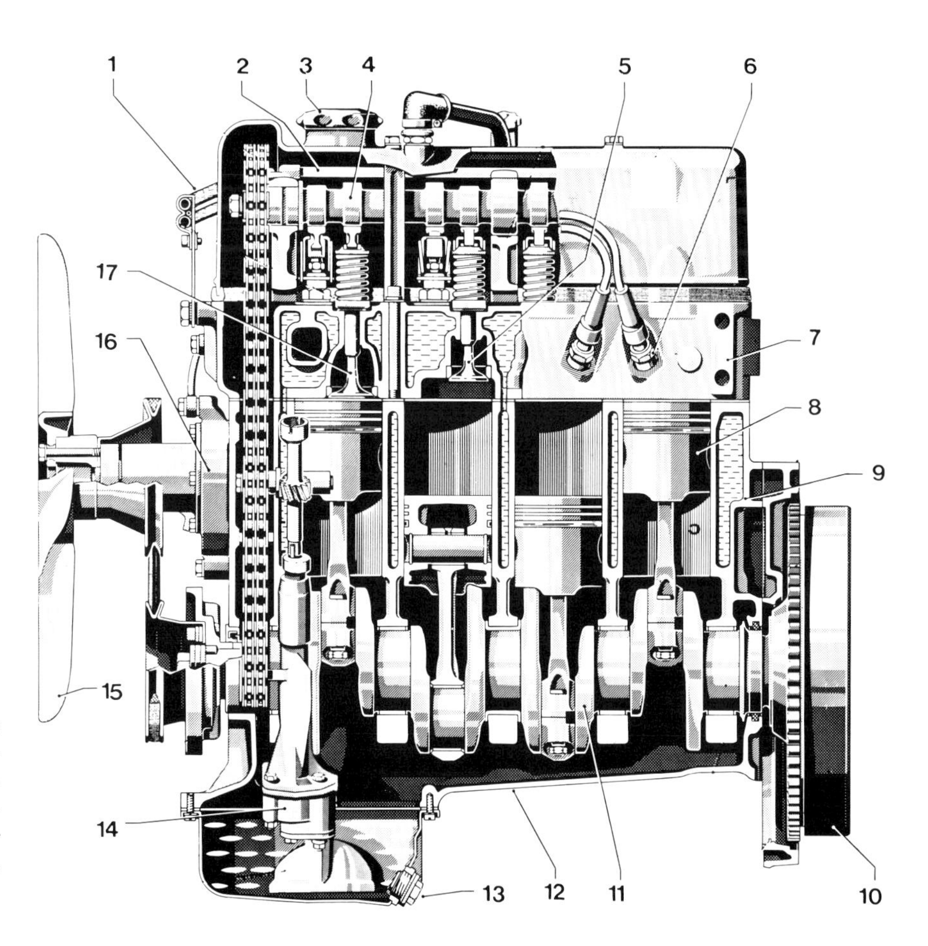

Schnitt durch einen Vierzylinder

1 Kraftstoffleitung
2 Ölrohr
3 Öleinfüllstutzen
4 Nockenwelle
5 Auslaßventil
6 Zündkerze
7 Zylinderkopf
8 Kolben
9 Kurbelgehäuse
10 Schwungrad
11 Kurbelwelle
12 Ölwanne Oberteil
13 Ölablaßschraube
14 Ölpumpe
15 Lüfter
16 Wasserpumpe
17 Einlaßventil

Der Hubraum eines Motors errechnet sich aus Zylinderzahl mal Hubraum jedes Zylinders; z. B. hat ein Zweiliter-Vierzylinder-Motor vier Zylinder mit je 500 ccm Hubraum

Mercedes-Benz Versuchswagen C 111. Der Vierscheiben-Wankelmotor erzeugt eine Leistung von 257 kW.

Die Sensation der Internationalen Automobilausstellung 1963 in Frankfurt/Main war der „Wankel-Prinz" von NSU. Dieser Typ war das erste Auto der Welt mit Drehkolbenmotor.

Wer erfand den Drehkolben-Motor?

Im Gegensatz zu den bisher besprochenen Motoren mit Hubkolben setzt sich beim Drehkolben die Verbrennungsenergie direkt in eine Drehbewegung um. Der „Wankel-Motor", so benannt nach seinem Erfinder Felix Wankel, hat weder Kolben noch Zylinder. Anstelle der Ventile sind Kanäle eingebohrt.

Da sich pro Umdrehung der „Exzenterwelle" in jeder Kammer einmal das Gemisch entzündet, gibt es beim Wankel pro Umdrehung drei Arbeitstakte. Er liefert also bei kleinerem Verbrennungsraum mehr Arbeit. Der Wankel-Prinz zum Beispiel hat einen Verbrennungsraum von nur 500 ccm, leistet dabei aber 38 kW.

Die Entwicklungsarbeit am Wankelmotor war sehr langwierig. Bis heute gab es noch keine große Serienherstellung. Die nahe Zukunft wird zeigen, ob der Drehkolbenmotor den Zylinderkolbenmotor verdrängt.

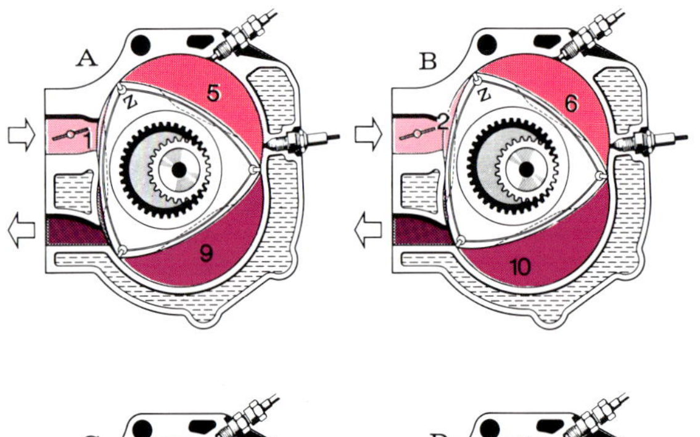

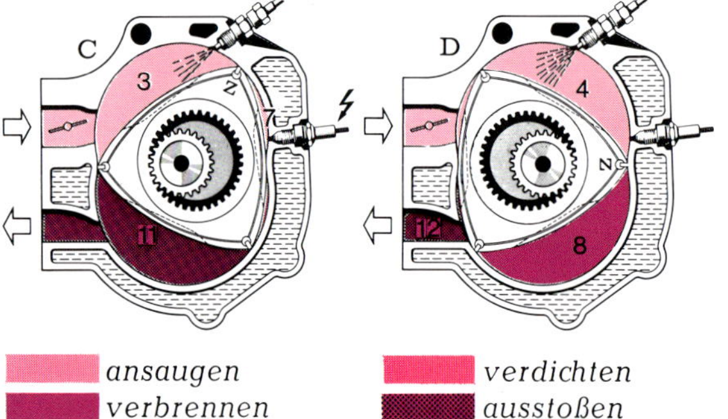

So arbeitet der Wankelmotor

Zwischen dem sich in der Mitte drehenden Bogendreieck, dem „Läufer", und dem Gehäuse entstehen drei „Kammern", die sich bei jeder Umdrehung zweimal verkleinern und wieder vergrößern. Die Phasen 1—12 auf dem Schaubild links zeigen den Arbeitsablauf während einer Läufer-Umdrehung: 1—4 ansaugen, 5—7 verdichten, 8—10 Verbrennung, 11—12 ausstoßen. Bei dem gezeigten Motor handelt es sich um einen Einspritzer-Wankel, der nicht fertiges Gemisch, sondern Luft ansaugt und das Benzin erst bei Phase 3 und 4 in die Brennkammern einspritzt

Um 1780 herum ließ James Watt, der Erfinder der Dampfmaschine, eine seiner Maschinen in einer Brauerei aufstellen, in der die Pumparbeit bisher von Pferden geleistet worden war. Das an den Brunnengöpel gespannte Pferd hatte täglich in acht Stunden zwei Millionen Liter Wasser gefördert. Daraus und aus der Förderhöhe ließ sich errechnen, daß das Tier pro Sekunde 75 Liter Wasser, also 75 Kilo um einen Meter gehoben hatte. Diese Leistung erhielt nun den Namen „Pferdestärke", abgekürzt PS.

Was ist eine Pferdestärke?

Heute gibt man die Leistung aller Kraftmaschinen, also auch Automotoren, in kW an. Ein kW ist ein Kilowatt. Es entspricht 1,36 PS. Umgekehrt ist ein PS 0,7355 kW. Ein Auto mit 100 PS hat also 73,55 kW.

Als in einer englischen Brauerei die Pferde durch eine Dampfmaschine ersetzt wurden, entstand der Begriff PS.

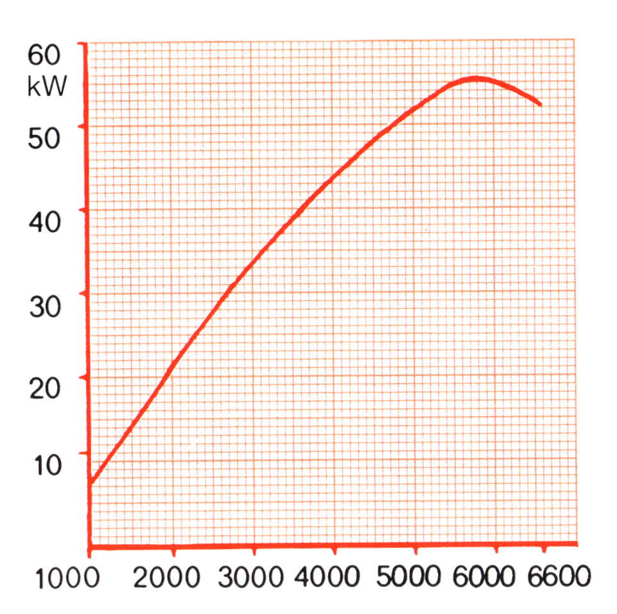

Ein Motor, der z. B. mit 60 kW angegeben ist, erreicht diese Leistung nur bei einer bestimmten Drehzahl. Das Diagramm oben zeigt, daß die Leistung etwa bei 4000 Umdrehungen pro Minute (untere Linie) nur 44 kW beträgt. Die Kurve zeigt auch, daß die Höchstleistung nicht bei der höchsten Drehzahl, sondern kurz davor, etwa bei 6000 Umdrehungen pro Minute abgegeben wird. Grund: Bei Vollgas bekommt der Motor nicht mehr ausreichend Luft zugeführt; außerdem frißt der immer schneller auf- und abgleitende Kolben, der ja nach jedem Takt abgebremst wird, zuviel Energie.

Warum rechnet man nach kg/kW?

Zwei Dinge muß man noch wissen: Ein Motor mit 75 kW erbringt diese Leistung nur bei einer bestimmten Drehzahl. Sie liegt dicht unter der Höchstdrehzahl. Bei Vollgas nimmt die Leistung wieder etwas ab. Entscheidend für die wirkliche Leistungsfähigkeit eines Autos ist nicht allein die kW-Zahl. Ein Motorrad mit 25 kW Leistung z. B. beschleunigt bedeutend mehr als ein gleichstarkes Auto. Der Grund: Das Auto ist schwerer, jedes kW seines Motors muß mehr kg Last beschleunigen. Masse dividiert durch Leistung ergibt, wieviel kg jedes kW beschleunigen muß; diese Zahl nennt man Kilogramm pro Kilowatt, abgekürzt kg/kW. Je weniger kg/kW desto anzugsfähiger ist das Auto.

Kehren wir zu dem Autofahrer zurück, der – zu Beginn dieses Kapitels – den Motor angelassen hat, um fahren zu können. Was tut er nun?

Welche Aufgabe hat die Kupplung?

An seinen Füßen ragen drei Pedale in den Fahrerraum: Links Kupplung, Mitte Bremse und rechts Gaspedal.
Der Motor läuft. Nun setzt der Fahrer seinen linken Fuß auf das linke, das Kupplungspedal, und drückt es bis zum Anschlag durch. Der Autofahrer sagt dazu: Er kuppelt aus. Was heißt das?
Wie wir bereits wissen, endet die Kurbelwelle hinten in einer etwa 30 Pfund schweren Schwungscheibe. Eine andere Scheibe, die Kupplungsscheibe, wird mit starken Federn gegen die Schwungscheibe gepreßt; die beiden Scheiben sind also fest miteinander verbunden. Wenn die Schwungscheibe sich dreht, dreht sich also die Kupplungsscheibe mit. So wird die Kraft des Motors über die Schwungscheibe auf die Kupplungsscheibe übertragen.

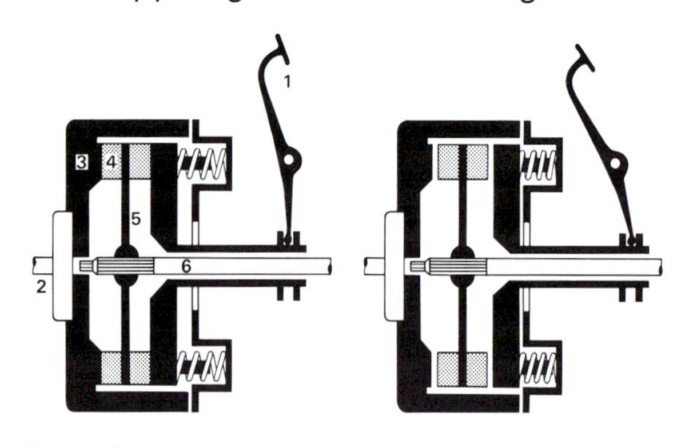

Bei nicht getretenem Kupplungspedal (1) wird die Motorkraft von der Antriebswelle (2) über Schwungscheibe (3), Kupplungsbelag (4) und Kupplungsscheibe (5) auf die Kardanwelle (6) übertragen. Durch einen Tritt auf des Kupplungspedal wird die Kraftübertragung unterbrochen

Um diese Kraftübertragung zu unterbrechen, tritt der Fahrer auf das Kupplungspedal. Schwung- und Kupplungsscheibe werden getrennt, die Kraftübertragung hört an der Schwungscheibe auf.

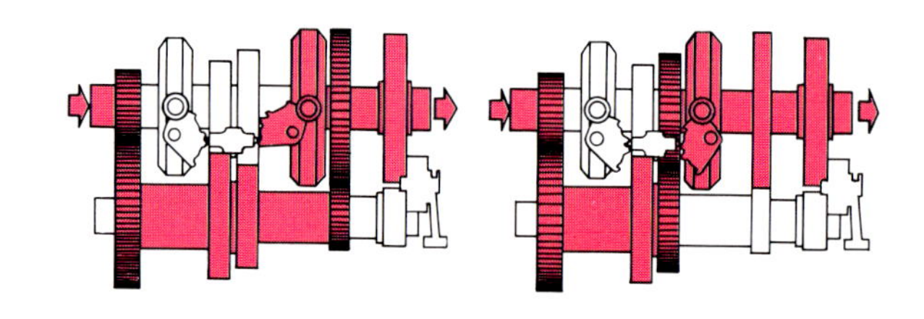

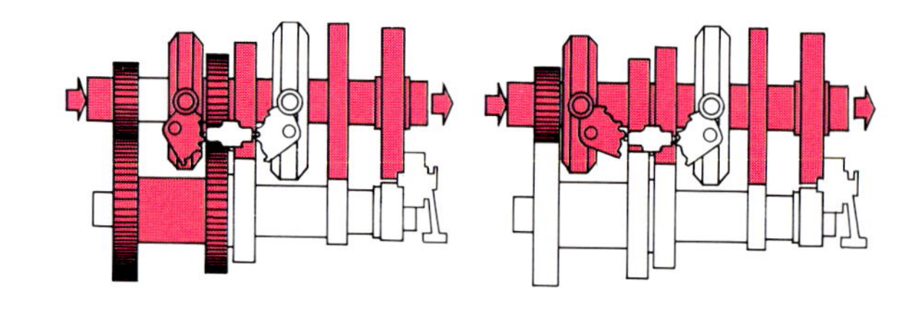

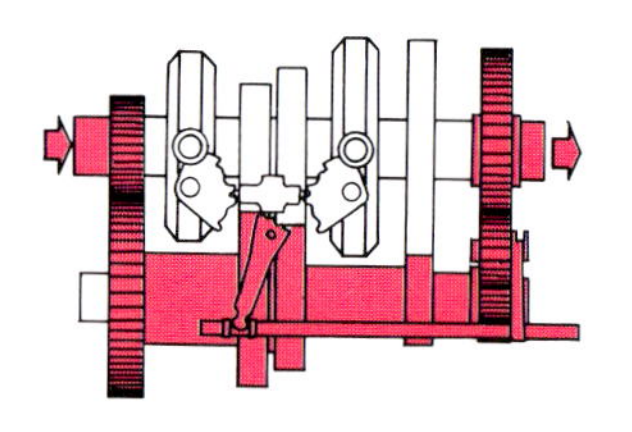

Alle fünf Bilder zeigen das gleiche Getriebe in verschiedenen Gängen. Bild 1—4 zeigt den 1. bis 4. Gang, Bild 5 unten den Rückwärtsgang. Die rote Linie zeigt den jeweiligen Kraftverlauf

Diese Trennung ist immer dann notwendig, wenn der Fahrer das hinter der Kupplung liegende Getriebe betätigen, also einen Gang einlegen will.
Die Motorleistung setzt sich zusammen aus Kraft und Geschwindigkeit. Auf der Autobahn soll der Wagen hohe Geschwindigkeiten entwickeln, an einem steilen Berg dagegen braucht er sehr viel Kraft, dafür ist das Tempo geringer. Die Aufgabe, die Motorleistung in Kraft und Geschwindigkeit aufzuteilen, so, wie es gerade am günstigsten ist – diese Aufgabe übernimmt das Getriebe. Je nach Wagentyp kann der Fahrer zwischen drei, vier oder gar fünf Gängen wählen, dazu kommt ein Rückwärtsgang. Der erste Gang ist der stärkste, aber auch der langsamste: Man benutzt ihn nur zum Anfahren oder an sehr steilen Bergen. In diesem Gang wird die Drehbewegung der Kurbelwelle durch mehrere, verschieden große Zahnräder im Getriebe im Ver-

hältnis 1:2.8 übersetzt (siehe Zeichnung). Die Kurbelwelle dreht sich also fast dreimal so schnell wie die Kardanwelle, die aus dem Getriebe heraus nach hinten führt. Das bedeutet: Die Kraft der Kardanwelle ist fast dreimal so groß wie die der Kurbelwelle. Der zweite Gang ist etwa 1:1.7 übersetzt, der dritte Gang ist meistens der „direkte" Gang, das Verhältnis ist 1:1, der vierte und der fünfte Gang sind untersetzt, das heißt, die Kardanwelle dreht sich schneller als die Kurbelwelle. Beim Rückwärtsgang wird die Drehbewegung der Kurbelwelle durch ein weiteres Zahnrad-Paar einfach umgekehrt.
Viele moderne Wagen haben ein automatisches Getriebe. Wenn die Drehzahl beim Gasgeben zu hoch wird, kuppelt die Automatik aus, schaltet den nächsthöheren Gang ein und kuppelt wieder ein. Entsprechend schaltet sie bei zu geringer Drehzahl herunter. Diese Wagen haben kein Kupplungspedal.

Unser Fahrer hat zum Anfahren den ersten Gang eingelegt, er läßt die Kupplung langsam kommen, das heißt, Schwung- und Kupplungsscheibe werden wieder zusammengepreßt. Die Motorkraft wird nun über Kupplung, Getriebe und Kardanwelle auf die Antriebsachse übertragen. (Die meisten Autos haben Hinterradantrieb.) Dort kommt die Kraft zunächst zum Differential oder Ausgleichsgetriebe.

Wozu braucht man ein Differential?

Das Differential hat zwei Aufgaben: Einmal setzt es über ein Zahnrad-System die Längsdrehung der Kardanwelle in eine Drehbewegung um, die nun in Fahrtrichtung verläuft. Zweitens ermöglicht das Differential den Hinterrädern, sich mit verschiedener Geschwindigkeit zu drehen. Bei einer Linkskurve zum Beispiel legt das rechte Rad einen weiteren Weg als das linke zurück. Würden sich beide Räder dabei gleich schnell drehen, würde das rechte Rad hoppeln oder scheuern, der Reifen wäre bald verschlissen. Mit Hilfe des Differentials, auch Ausgleichsgetriebe genannt, können die Räder sich verschieden schnell drehen und sind dennoch fest mit der Motorkraft verbunden. Nun ist unser Fahrer also endlich angefahren. Schon nach kurzer Zeit schaltet er in den zweiten Gang, weil er das Tempo erhöhen will, und dann – dann sieht er plötzlich eine rote Ampel. Er bremst. Bremsen – wie funktioniert das?
Weil die Bremse für den Autofahrer so etwas wie eine Lebensversicherung ist, verlangt das Gesetz, daß in jedem Auto zwei voneinander unabhängige Bremsen vorhanden sein müssen. Fällt die eine aus, ist immer noch die andere da. Darum hat jedes Auto zwei Bremsen, die Fuß- und die Handbremse.

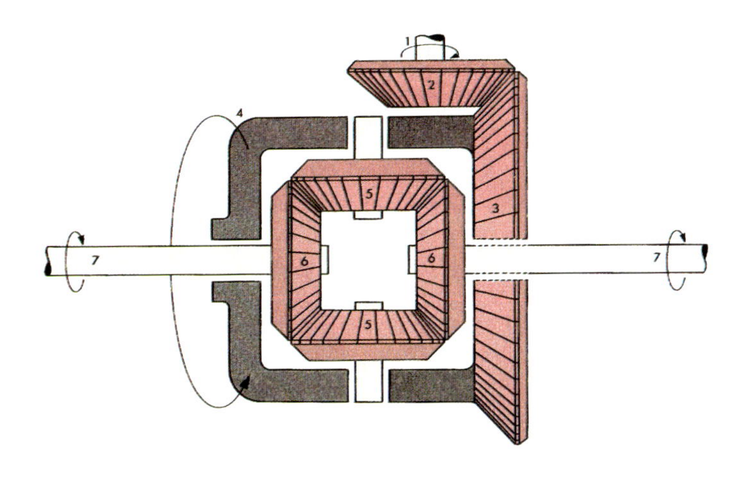

Im Differential wird die Motorkraft über Kardanwelle (1), Antriebskegelrad (2) und Tellerrad (3), mit dem auch der Ausgleichskorb (4) verbunden ist, auf die Ausgleichsräder (5) übertragen. Hier wird die Kraft je nach Bedarf auf die beiden Achswellenräder (6) verteilt, die über die beiden Halbachsen (7) die Hinterräder antreiben. Nun kann sich das linke Hinterrad in einer Rechtskurve schneller, in einer Linkskurve dagegen langsamer als das rechte drehen

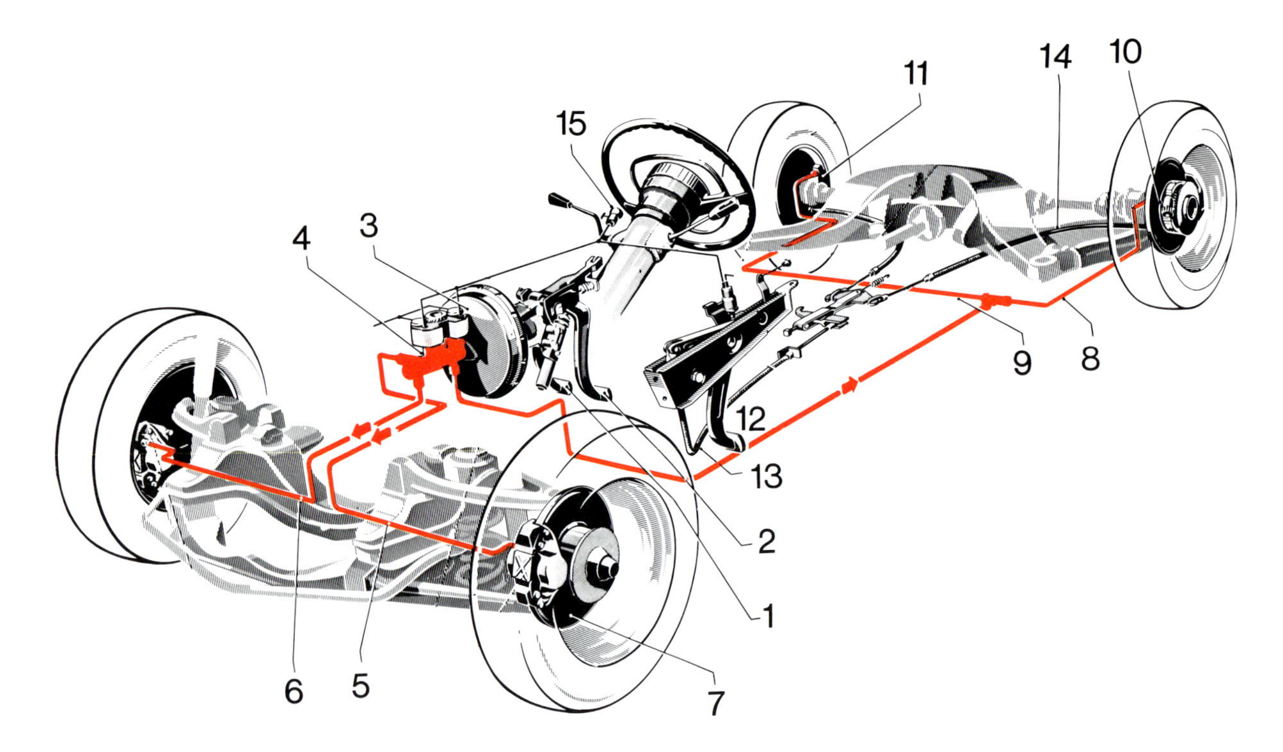

Die Bremsanlage eines Mercedes 200. Es ist eine Zweikreis-Anlage, das heißt, der Öldruckkreislauf für Vorder- und Hinterräder ist getrennt. Fallen z. B. die Vorderradbremsen aus, bleibt die Hinterradbremse noch intakt. Statt der üblichen Handbremse hat dieser Wagen eine mit dem linken Fuß zu bedienende Feststellbremse. Der Wagen hat vorn und hinten Scheibenbremsen, die Feststellbremse wirkt über Bremsbacken auf die Hinterräder. Es bedeuten: 1 Bremspedal, 2 Kupplungspedal, 3 Bremsgerät, 4 Brems-Hauptzylinder 5 und 6 Bremsleitung vorn links und rechts, 7 Scheibenbremse vorn, 8 und 9 Bremsleitung hinten links und rechts, 10 Scheibenbremse hinten mit Innenbackenfeststellbremse, 11 Bremszange, 12 Feststellpedal, 13 Bremsseilzug, 14 Bremsseilzug hinten, 15 Warnleuchte für Feststellbremse

Jedes Kraftfahrzeug muß an seinem Heck eine Reihe von optischen Warnlampen haben. Diese Leuchten sind je nach Wagentyp verschieden angeordnet. Bei diesem Auto ist die Reihenfolge von außen nach innen: gelber Richtungsänderungsanzeiger (Blinker), rotes Schlußlicht, selbsttätig reflektierendes rotes Katzenauge, rotes Bremslicht, weißer Rückfahrscheinwerfer

Warum hat jedes Auto rote Bremslichter?

Die Fußbremse, das mittlere der drei Pedale, wird wie auch das Gas mit dem rechten Fuß bedient. So wird vermieden, daß der Fahrer zugleich bremsen und Gas geben kann. Die Fußbremse besteht aus einem mit Öl gefüllten Rohrsystem, das den Druck auf das Bremspedal über zwei Bremszylinder auf zwei Bremskolben weitergibt. Die Bremskolben drücken bei Trommelbremsen auf die Bremsbakken (pro Rad eine), bei Scheibenbremsen auf die Bremsklötze. Die Fußbremse wirkt auf alle vier Räder; die meisten modernen Wagen haben an den Hinterrädern Trommel-, an den Vorderrädern Scheibenbremsen. Wenn der Fahrer mit der Fußbremse bremst, leuchten am Wagenheck zwei rote Warnlampen auf. Sie signalisieren den Autofahrern hinter ihm: Vorsicht! Ich verlangsame meine Fahrt.
Die Handbremse wirkt meist nur auf die Hinterräder. Sie wird mechanisch über Seilzüge betätigt und löst die gleiche Bremsvorrichtung aus wie die Fußbremse.

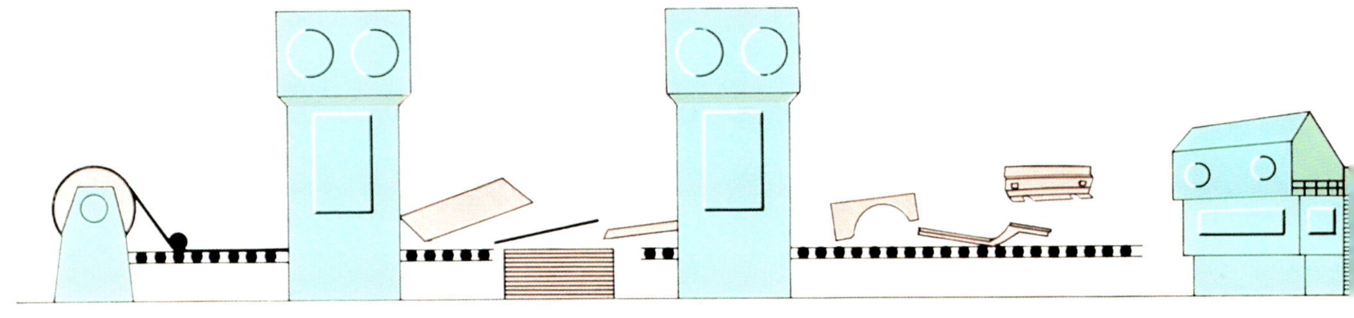

5.30 Uhr *Die Frühschicht beginnt. Im Preßwerk läuft 0,66 bis 1mm dickes Feinblech von der Rolle und wird zu Karosserieteilen geschnitten, gestanzt und gepreßt.*

Wie ein Auto entsteht

Wie viele Autos gibt es auf der ganzen Welt?

Auf der ganzen Welt sind zur Zeit mehr als eine viertel Milliarde Kraftfahrzeuge in Betrieb; davon sind über 200 Millionen PKW. Jede Sekunde fährt eines dieser 200 Millionen Autos gegen einen Baum oder gegen ein anderes Auto oder wird, weil es überaltert ist, von der Schrottpresse zermalmt. Jede Sekunde also wird ein Auto aus dem Verkehr gezogen. Ebenso häufig aber, sogar noch um einen Bruchteil häufiger, läuft in irgendeiner Autofabrik der Welt ein neuer Wagen vom Band. Die Zahl der Autos nimmt also von Tag zu Tag zu.

Allein das Volkswagenwerk mit seinen Filialen in mehreren Teilen der Welt baut pro Arbeitstag 10 000 neue Kraftfahrzeuge. Außerdem muß jede PKW-Fabrik eine große Anzahl von Ersatzteilen herstellen. Alle Autobauer sind

Das Abschleifen der Grate an den Schweißnähten ist eine der Arbeiten, die in Wolfsburg noch von Hand vorgenommen werden. – Weltweit produziert Volkswagen täglich 10 000 Kraftfahrzeuge.

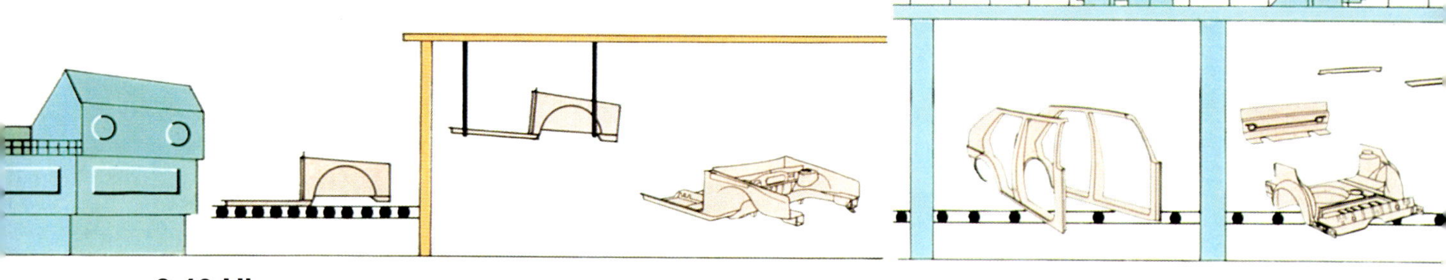

6.40 Uhr *In Schweißkarussells und Transferstraßen werden die Teile zu Vorderwagen und anderen Baugruppen zusammengeschweißt. Förderketten transportieren die Baugruppe zum nächsten Arbeitsplatz.*

verpflichtet, so viele Ersatzteile auf Lager zu haben, daß der Kunde sein Auto selbst dann noch reparieren lassen kann, wenn dieses Modell schon seit zehn Jahren aus der Produktion genommen worden ist. In Europa wird jedes Modell durchschnittlich sechs Jahre lang gebaut, dann wird es durch ein neues Modell ersetzt. Etwa alle zwei oder drei Jahre wird an dem Modell ein „Face Lift" (engl. = Gesichtshebung) vorgenommen. Das Wort Face Lift kommt aus der Schönheitschirurgie und bedeutet eine Operation, bei der dem Patienten ein jüngeres oder hübscheres Aussehen verliehen werden soll.
Eine ähnliche Bedeutung hat das Wort Face Lift bei den Autobauern. Beim Face Lift bleibt der Wagen in seiner Grundkonzeption unverändert, es werden lediglich kleine Verbesserungen im Aussehen, Komfort, in der Leistung oder Sicherheit vorgenommen. Vor allem in den USA sind viele Wagen, die als „neue Modelle" vorgestellt werden, in Wirklichkeit nur die alten Fahrzeuge mit viel Face Lift.

Wie lange wird ein neues Modell vorbereitet?

Um ein neues Modell herauszubringen, bedarf es einer Anlaufzeit von rund vier Jahren. Bei den meisten Firmen ist diese Zeit in sechs Phasen eingeteilt. In der ersten, der sogenannten „Studienphase", versuchen mehrere Abteilungen eines Werkes, die Zukunft zu erforschen. In Gesprächen mit Kunden, Händlern und Wissenschaftlern bemüht sich die Verkaufsabteilung herauszufinden, welche Wagenklasse und welcher Typ in vier Jahren die meisten Absatzchancen haben wird. Man macht sich Gedanken darüber, wohin der Trend geht: Front- oder Heckantrieb, Luft- oder Wasserkühlung, Limousine oder Cabriolet, Zwei- oder Viertürer usw. Die Finanzabteilung legt fest, was das neue Modell un-

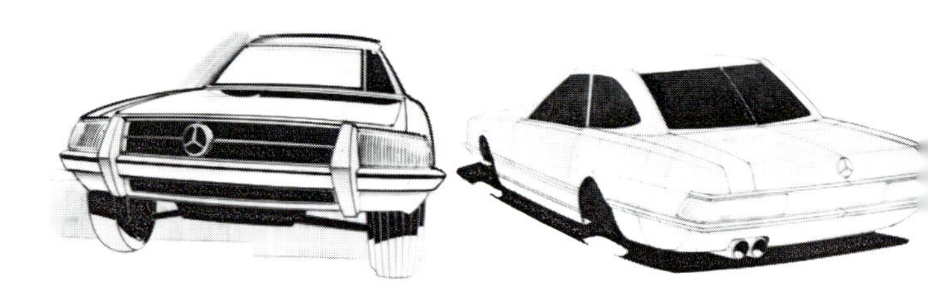

Aus den Skizzenbüchern der Stylisten: Oben ein Entwurf Mercedes Coupé, unten zwei Skizzen der Bayerischen Motorenwerke München (BMW).

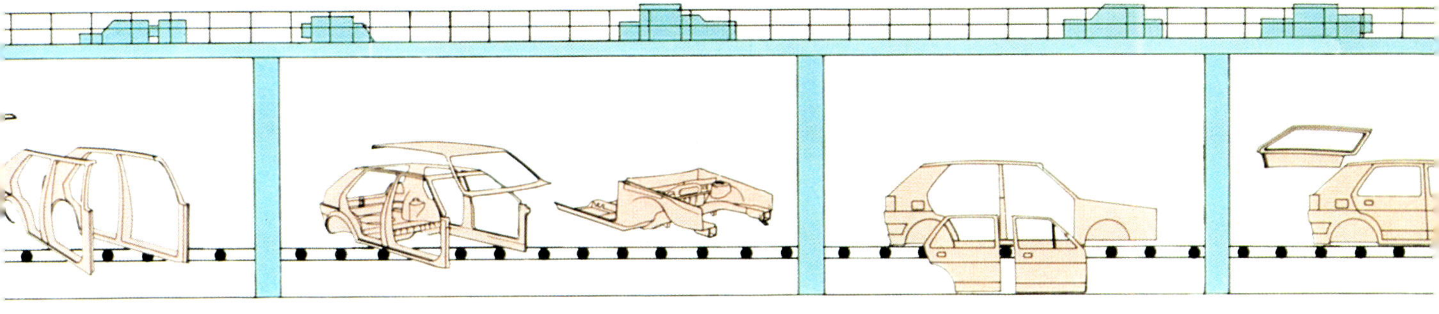

7.55 Uhr *In einer Transferstraße wird der Hinterwagen zusammengeschweißt. In der folgenden kommen der Vorderwagen, das Dach und die Türen hinzu, der Kastenrohbau ist fertig.*

gefähr kosten darf. Die Ingenieure machen Vorschläge über technische Möglichkeiten und Neuerungen.
Die Abteilung „Produktplanung" sammelt diese Informationen und entwirft danach die ersten groben Skizzen des neuen Modells. Die Produktplanung ist die geheimste Abteilung des ganzen Werkes. Selbst Betriebsangehörige dürfen diesen Gebäudeteil nur mit Sondergenehmigung betreten. Als nächstes folgt die „Entwicklungsphase".

Die neun Meter hohen Räder des Wolfsburger Windkanals beschleunigen die Luft auf 180 km/h.

Das Rauchfadenbild zeigt, wie die Luft den Bug des Audi 100 ungestört umströmt.

Jetzt nimmt der neue Wagen langsam Gestalt an, zunächst allerdings nur auf dem Reißbrett. Studienphase und Entwicklungsphase dauern zusammen etwa 22 Wochen.

Was ist ein Prototyp?

Wenn die Werksleitung mit dem Entwurf einverstanden ist, folgt die Prototyp-Phase. Nun verlagert sich die Arbeit von den Büros der Produktplanung weitgehend in die Werkshallen der gleichen Abteilung. Diese Werkstätten sind noch geheimer als die Büros. Hier ist die Gefahr der Werkspionage am größten, weil hier – vier Jahre vor Beginn der Serienproduktion – erste Teile des neuen Wagens zu sehen sind und fotografiert werden könnten. Die Werkshallen der Produktplanung sind jedem Besucher verschlossen. Von der Außenwelt durch hohe Mauern abgeschirmt und nachts von Wächtern mit abgerichteten Hunden bewacht, entsteht hier der Prototyp. Jeder Teil dieses Wagens ist Handarbeit. Der Prototyp besteht zunächst nur aus dem Fahrgestell und der Technik, also Motor, Getriebe usw. Inzwischen haben die Karosseriegestalter mit dem „styling" begonnen, das ist die Formgebung für das Auto-Oberteil. Nach eigenen Entwürfen oder unter Mitarbeit berühmter in- und ausländischer Designer bauen sie vier verschiedene Karosserieformen aus Plastilin. Einer dieser Entwürfe wird nach technischen und

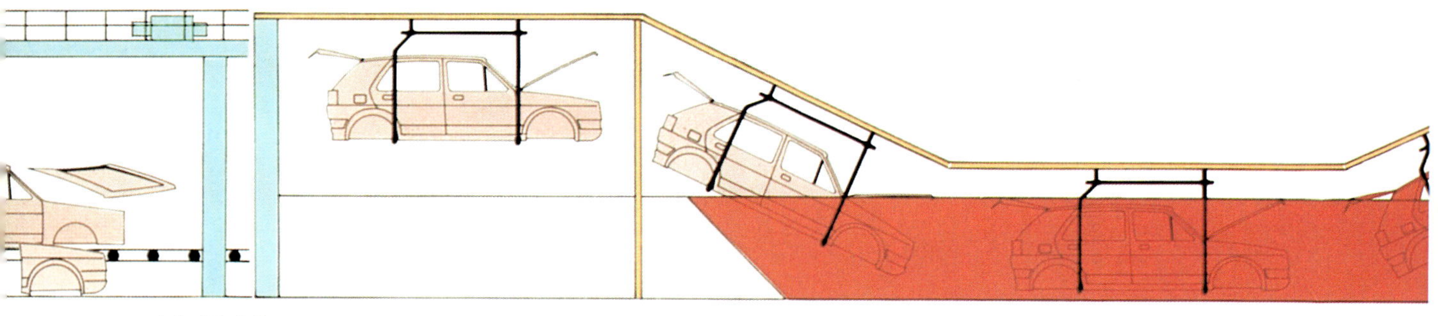

11.40 Uhr *Der Kastenrohbau erhält Front- und Heckklappen. Nach einem heißen Duschbad zur Entfettung werden mehrere Schutzschichten aufgetragen und eingebrannt.*

ästhetischen Gesichtspunkten ausgewählt. Damit hat das neue Auto sein Gesicht bekommen. Nach diesem Modell wird von Hand eine Blechkarosserie hergestellt und auf das Chassis gesetzt. Die Inneneinrichtung fehlt noch völlig; die Werksfahrer, die die ersten Versuchsrunden drehen, sitzen auf behelfsmäßigen Sitzgestellen.

Erlkönig (oben) und ein echtes BMW-Coupé (unten rechts), daneben der BMW-Sportwagen M 1.

In der Planungsphase wird die Serienproduktion vorbereitet. Das Fahrzeug hat nun in Form und Technik fast schon seine endgültige Gestalt. Die Einzelteile werden „technisch optimiert", das heißt, es wird festgelegt, wie die von Hand gearbeiteten Einzelteile des Prototyps am besten in Serie gebaut werden können und welche Maschinen dazu notwendig sind. Es wird bestimmt, wo das Fließ- oder Montageband hinkommt, die Maschinen und Werkzeuge für die Großserie werden im Werk gebaut oder bei Maschinenfabriken bestellt.

Warum heißen manche Autos „Erlkönig"?

Inzwischen ist – immer noch von Hand – eine kleine Serie des Prototyps gebaut worden. Einige von ihnen werden auf der werkseigenen Versuchsstrecke unter strengster Geheimhaltung gründlich geprüft. Die Wagen werden durch Wasserpfützen und über ölverschmierte Straßen, durch Schlaglöcher und über Bodenwellen gejagt, Brems- und Beschleunigungsversuche geben Auskunft über Sicherheit und Leistung des neuen Modells. Andere Prototypen werden als „Erlkönige" auf entlegenen Straßen über größere Strecken probegefahren. Erlkönige findet man sowohl auf steilen Alpenpässen wie in der bitterkalten Arktis oder im glühend heißen Sand der Sahara. Sie verdanken ihren Namen der berühmten Ballade von Goethe, die mit den Worten beginnt: „Wer reitet so spät durch Nacht und Wind?" Auch die Auto-„Erlkönige" fahren bei Nacht und Wind, und genau wie der Vater sein Kind unter seinem Mantel verborgen hält, sind auch die Auto-Erlkönige „verborgen": Ihre Karosserien sind durch zusätzliche An- und Aufbauten völlig verfremdet, oder man hat auf das Original-Fahrwerk eine Phantasie-Karosserie gesetzt. Niemand soll erkennen können, um was für einen Wagen und

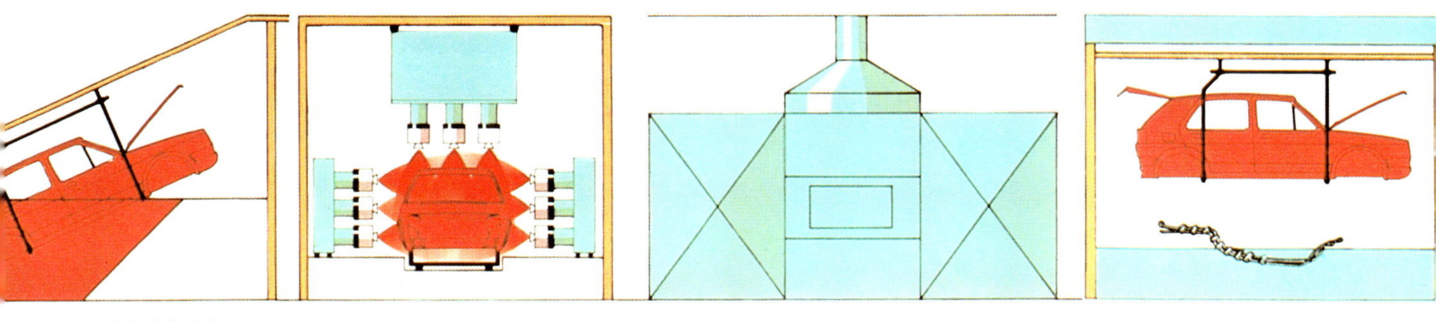

14.58 Uhr *Der Decklack wird aufgesprüht und im Trockentunnel bei 140 Grad eingebrannt. Die Karosserie läuft an der Förderkette in die Montagehalle 54, eine bisher weltweit einmalige Anlage.*

um welche Auto-Firma es sich handelt. Mit einigen Fahrzeugen werden die ersten Crash-Tests durchgeführt, das heißt, sie werden absichtlich – mal langsam, mal schnell – gegen eine Mauer gefahren oder müssen mit anderen Fahrzeugen frontal oder seitlich zusammenstoßen. Auf dem Fahrersitz sitzen bei diesen Tests Puppen in Menschengröße. Mit diesen Tests soll herausgefunden werden, wo für die Sicherheit der Insassen noch Verbesserungen möglich oder notwendig sind.
Jetzt wird der Schleier des Geheimnisses zum erstenmal ein wenig gelüftet: Die Zulieferfirmen erfahren, was sie in welcher Stückzahl für das neue Modell liefern sollen. Kein Autowerk der Welt stellt alle Teile eines Wagens selber her. Reifen, die gesamte elektrische Anlage, Stoff- und Kunststoff-Teile, bei Mercedes-Benz sogar der dreizackige Stern auf dem Kühler – all das und noch viel mehr wird von Zulieferern produziert. Allein für das VW-Werk sind über 5000 Zulieferfirmen tätig.

Mit Test-Puppen (oben) und Crashs (unten) werden neue Wagen auf ihre Stabilität getestet

Wann läuft das Montageband zum erstenmal?

Als vorletzte Etappe folgt nun die Beschaffungsphase. Alle zur Großserie nötigen Maschinen und Werkzeuge sind vorhanden, das Montageband ist aufgebaut und wird zum erstenmal in Betrieb genommen. So entsteht die „Produktionsversuchsserie" von etwa 100 Fahrzeugen. Dabei werden die Arbeiter, die später das Band bedienen sollen, mit ihren Maschinen und Handgriffen vertraut gemacht. Inspektoren prüfen, was an dem Fahrzeug oder bei der Produktion verbessert werden kann, denn noch sind geringfügige Änderungen möglich.
Jetzt ist der Schleier des Geheimnisses endgültig zerrissen. In der Presse tauchen die ersten Fotos des neuen Wagens auf; Händler und Kraftfahrzeugmechaniker, die das Modell später verkaufen oder reparieren sollen, werden in Kursen mit der Neuerscheinung vertraut gemacht.
Dann, 20 Wochen, bevor die Serienproduktion beginnt, kommt die Generalprobe: Die Nullserie läuft an. Auch sie wird nur in beschränktem Umfang pro-

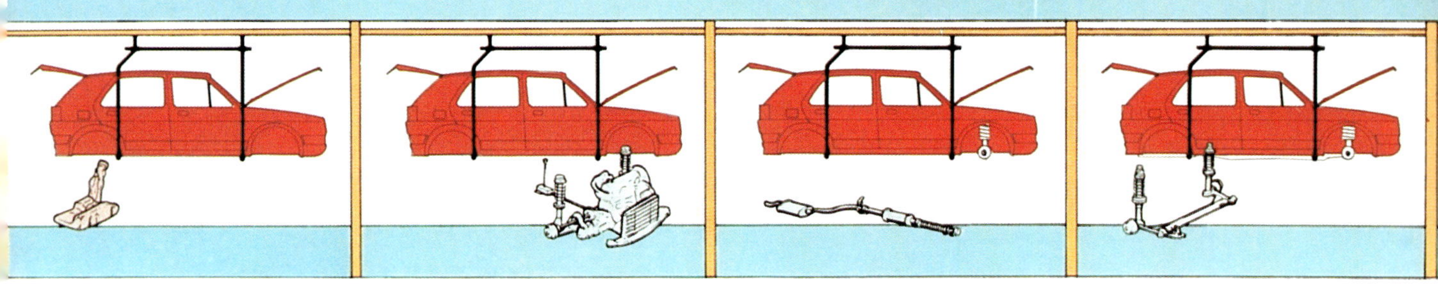

15.50 Uhr *Ca. 75 Industrieroboter montieren vorfabrizierte Bauteile wie Kraftstoffleitung, Tank, Triebsatz (Motor, Getriebe usw.), Abgasanlage, Hinterachse, Frontende mit Kühlergrill und Räder.*

duziert, nun allerdings zum erstenmal unter den gleichen Bedingungen, wie später für den Verkauf produziert werden soll. Noch einmal wird alles aufs genaueste geprüft und getestet, hier ist die absolut letzte Möglichkeit, kleine Änderungen vorzunehmen. Ist die Nullserie durchgelaufen und sind die letzten Mängel und Beanstandungen der Inspektoren abgestellt, ist es so weit: Die Serie läuft an.

Bis zu diesem Augenblick hat das Werk mehrere hundert Millionen Mark in den neuen Wagen investiert, fast 200 Arbeitswochen sind seit den ersten Planungskonferenzen vergangen – das sind etwa vier Jahre. Im Vergleich zu dieser Zeitspanne ist die Zeit, in der ein Auto gebaut wird, erstaunlich kurz. Die Herstellung aller Einzelteile eines VW-Golf z. B. und deren Montage dauert genau 14 Stunden.

Wie wird die Karosserie hergestellt?

Die Herstellung beginnt an riesigen „Preßstraßen", in denen das Stahlblech als Meterware von der Rolle direkt in die Pressen läuft. Hier entstehen die Rohteile für Frontpartie, Hinterwagen und Dach. In genau eingestelltem Arbeitsrhythmus formen die Stempel das Stahlblech; ein einziger Mann am Steuerpult überwacht die Arbeitsvorgänge. Über Transportbänder und Förderketten gelangen die Teile zu gewaltigen Schweißanlagen, die sich wie riesige Karussells 210mal pro Stunde drehen. Auf dem Vorderwagen-Karussell wird das Vorderteil des Wagens in knapp zwei Minuten unter Zischen und Sprühen an 258 Punkten zusammengeschweißt. Auf einem anderen ähnlichen Rundband wird ebenso der

In der Lackiererei erhält der Golf eine dicke Schutzschicht und den Decklack, die 30 Minuten eingebrannt werden. Dann geht es . . .

. . . in die fast menschenleere Halle 54. Dort bauen elektronisch gesteuerte Industrieroboter den Motor und andere Teile in die Rohkarosserie ein.

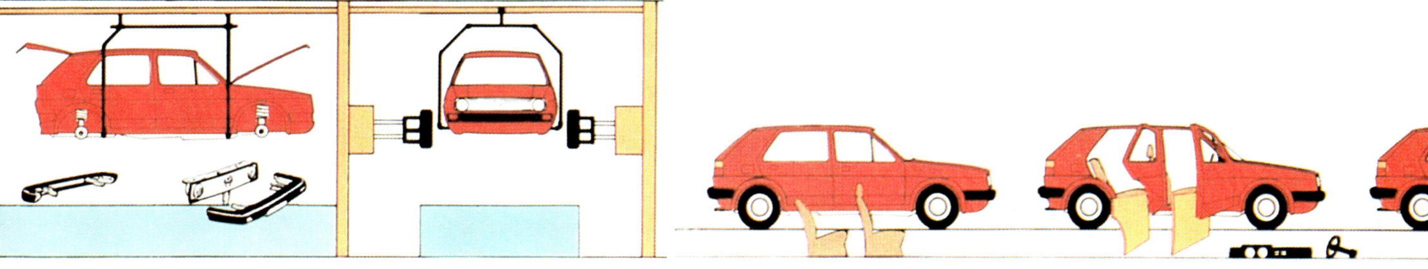

17.00 Uhr *In der Fertigmontage setzen Werker Sitze, Türverkleidungen und Fenster ein. Danach werden die Fahrzeuge von Kontrolleuren überprüft.*

Hinterwagen zusammengebaut. Von den Karussells kommen die Teile zu der Karosserie-Transfer-Straße. Sie ist 180 m lang und mit nur 80 Spezialisten besetzt. Der Hinterwagen wird an einer Förderkette herangebracht, der Vorderwagen senkt sich dazu, nun werden beide Teile millimetergenau zusammengeschweißt. Wenige Augenblicke später zischen und fliegen erneut Funken: Das Dach wird aufgesetzt und verschweißt. Am Ende der Transfer-Straße wird die Karosserie automatisch abgenommen und auf das nächste Montageband gesetzt. Hier erhält sie Türen, Kotflügel, Vorder- und Motorhaube. Nächste Station ist die Lackiererei. Die Karosserie wird 25 Minuten lang gewaschen, anschließend acht Minuten lang mit Heißluft getrocknet, dann wird sie in einen Tank mit Grundierfarbe getaucht. Anschließend wird der Füller, eine besonders dicke und beständige Lackschicht, maschinell aufgetragen; schließlich wird der Decklack von Hand gespritzt und bei hohen Temperaturen eingebrannt.

Wie werden die Teile montiert?

Nun kurvt die Karosserie hinunter auf das Ausstattungsband. Viele geschickte Hände ziehen und bündeln Kabel, setzen Chromleisten an, legen Scheiben ein, spannen Polsterstoffe, schrauben Lampen fest, schließen Kontakte. Jedes benötigte Teil liegt griffbereit da, alles ist übersichtlich und klar gegliedert. Nach Verlassen des Ausstattungsbandes geht die Karosserie noch einmal in die Höhe, während unten auf dem Endmontageband das Fahrgestell mit Motor, Getriebe und Achsen langsam vorwärtsrückt. Dieser Wagenteil wurde vorher auf eigenen Montagebändern zusammengesetzt.
Jetzt senkt sich von oben die Karosserie herab und setzt auf das Fahrgestell auf. Beide Teile werden automatisch miteinander verbunden.

Warum kommen verschiedene Autos vom gleichen Fließband?

Auf den letzten Metern des Fließbandes erhält der Wagen Benzintank, Lenkung, Räder, Sitze, Polster und zwei Liter Benzin. Dann wird er zum erstenmal gestartet und zu einem Rollenprüfband gefahren. Noch einmal werden Motor, Getriebe, Lenkung und Elektrik sorgfältig geprüft. Nun muß der fertig montierte Wagen zum erstenmal seine Fahrtüchtigkeit beweisen. Der Fahrer gibt Gas und beschleunigt bis zu 100 km/h, dabei schaltet er alle Gänge durch. Die Antriebsräder laufen dabei auf eisernen Rollen, selbst bei Vollgas bewegt der Wagen sich nicht von der Stelle. Meßgeräte kontrollieren die Abgase, andere zeigen an, ob die Bremsen gut und richtig funktionieren. Dann endlich verläßt der fertige Wagen über ein Ablaufband die Montagehalle.
Obwohl alle Wagen über das gleiche Band laufen, sehen sie zum Schluß

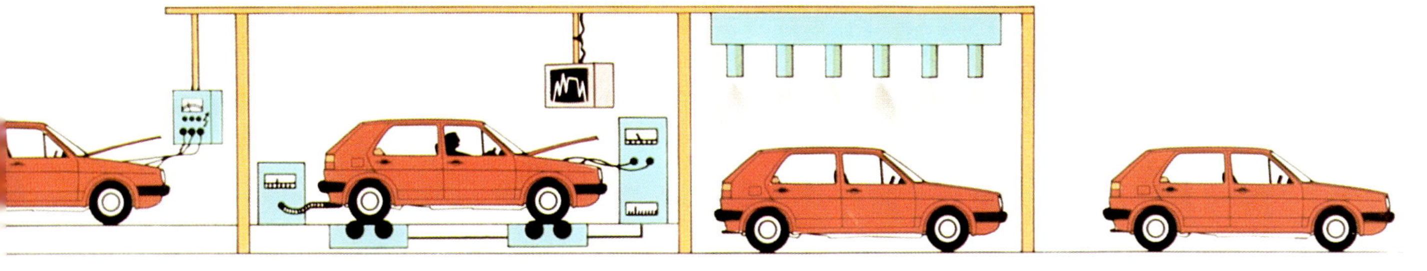

19.30 Uhr *Alle elektrischen Funktionen werden elektronisch kontrolliert. Für die Fahrt zum Käufer (mit Bahn oder Lkw) wird der Wagen konserviert – 14 Stunden nach Montagebeginn verläßt er das Werk.*

doch sehr verschieden aus. Der eine ist schwarz, der andere gelb, einer hat Schiebedach, der andere nicht – allein vom Golf sind bei gleicher Grundausstattung 50 000 Variationen denkbar.
Die Autohändler bestellen nach den Wünschen ihrer Kunden, zum Beispiel Schiebedach, Radio, Gürtelreifen, Farbe Gelb. Dieser Wunschzettel geht nach Wolfsburg, dort wird jeder Wagen „nach Maß" hergestellt. Das fängt bei der Presse an, die das Dach herstellt. Der Kunde möchte ein Schiebedach, also stanzt die Presse gleich die Öffnung in das Dach ein. Der Kunde wünscht ein gelbes Auto, also geht die Karosserie bei der Lackiererei durch die Farbkammer „Gelb". Auch auf dem Ausstattungsband läuft der Wunschzettel des Kunden mit – so kommt genau das Auto heraus, das er wollte.
Fast alle Autos verlassen das Werk per Bahn, sie werden auf dem Schienenweg in die Stadt gebracht, in der der Käufer wohnt. Mit 60 Zügen pro Tag bewältigt der Verladebahnhof des Werkes etwa den gleichen Verkehr wie der Güterbahnhof Hannover. Jeder Zug mit einer Gesamtlänge von über 600 m faßt auf Doppelstockwagen 300 Autos.

Warum ist ein Rolls-Royce so teuer?

Ein extremes Beispiel für die Qualitätskontrollen, denen jeder Wagen auch noch während seiner Produktion unterworfen wird, bietet die britische Firma Rolls-Royce. Sie baut die teuersten Serienwagen der Welt. Jedes Einzelteil dieser weltberühmten Wagen wird elektronisch geprüft, jeder Motor – jeder einzelne! – läuft acht Stunden auf dem Prüfstand: die ersten 30 Minuten langsam, dann 30 Minuten bei mittlerer Geschwindigkeiten, dann sieben Stunden lang Vollgas. Jeder 20. Motor wird anschließend bis in die kleinsten Einzelteile auseinandergerissen, jedes Teil wird sorgfältig, zum Teil unter dem Mikroskop, untersucht. Zeigt sich auch nur die leiseste Veränderung, werden die vorherigen 19 Motoren ebenfalls auseinandergenommen und untersucht, bis man den Fehler gefunden

Golf-Montage in Wolfsburg (links): An der Tür jedes Wagens klebt der „Wunschzettel" mit den individuellen Wünschen des Käufers

Zehn Dieselloks mit je 1000 PS bewältigen den Verkehr des werkseigenen Bahnhofs (rechts). Morgens kommt das Material, abends verlassen die fertigen Autos das Werk

und abgestellt hat. Jeder 50. Motor wird einer noch härteren Kontrolle unterzogen, er läuft 24 Stunden lang ununterbrochen. Rolls-Royce gibt auf alle Teile seiner Autos drei Jahre Garantie. Solche strengen Kontrollmaßnahmen sind natürlich nur bei Werken mit kleinen Produktionszahlen möglich. Rolls-Royce baut täglich fünf Wagen. Wollte zum Beispiel VW ähnliche Kontrollen durchführen – der Wagen würde mehr als das Doppelte seines heutigen Preises kosten, und die Produktionszahlen würden rapide sinken.

Rennen, Rallyes und Rekorde

Um was ging es beim ersten Autorennen der Welt?

Das erste Autorennen der Welt wurde wahrscheinlich von zwei Unbekannten ausgetragen: irgendwann, als zum erstenmal der Fahrer eines Wagens ohne Pferde einen anderen Wagen ohne Pferde hinter sich auftauchen sah. Als der Mann im vorderen Wagen merkte, daß der Verfolger ihm immer näher kam, gab er Gas. Das Rennen begann . . .

Das erste offizielle Autorennen wurde 1894 in Frankreich gestartet. Nur in Frankreich gab es damals genug Autos, nur dort waren die Straßen gut genug. Denn die ersten Rennen wurden noch auf öffentlichen Straßen ausgetragen, Rennstrecken gab es damals noch nicht.

Dieses Rennen war von einer Pariser Zeitung ausgeschrieben worden; es führte von Paris nach Rouen. Aber es ging dabei nicht um das Tempo. Sieger sollte nicht werden, wer am schnellsten fuhr, sondern der, der das Ziel „ohne Gefahr, bequem und mit geringen Kosten" erreichte. 102 Teilnehmer hatten sich gemeldet. Jeder von ihnen mußte in einer Vorprüfung zeigen, ob er 50 Kilometer in drei Stunden zurücklegen konnte. Weil viele Fahrer dieses Tempo für zu gefährlich hielten, wurde es

Ohne Mühe konnte ein Reporter das erste Autorennen der Welt auf seinem Fahrrad verfolgen

auf 12 Stundenkilometer herabgesetzt. Schon bei dieser Vorprüfung fielen die meisten durch. Übrig blieben ganze 19 Fahrer mit ihren Autos – die erste Rennfahrergruppe, die je die Startlinie passierte. Sie fuhren 126 Kilometer von der Porte Maillot in Paris nach Rouen. Begleitet wurden sie dabei von einem Reporter der Zeitung „New York Herald". Er fuhr auf einem Fahrrad.

Wie schnell fuhr der Sieger?

Den ersten Preis von 5000 Francs gewannen zu gleichen Teilen die Herren Panhard und Peugeot, beide in Autos „mit dem Benzinmotor, der von Herrn Daimler aus Württemberg erfunden wurde", wie es damals in den Zeitungen hieß. Sie hatten die Strecke mit einem Durchschnitt von 17,5 km/h zurückgelegt. Dritter wurde ein Monsieur Le Blant. Er hatte ganze elf Stundenkilometer herausgefahren – in einem Dampfwagen.
Schon ein Jahr später gab es das nächste Rennen. Diesmal ging es bereits um das Tempo. Das Rennen führte von Paris nach Bordeaux und zurück, über 1100 km, für damalige Verhältnisse eine gewaltige Entfernung.
22 Fahrer waren am Start, aber nur neun erreichten das Ziel. Schnellster war der Franzose Emile Levassor auf einem Panhard; er war genau zwei Tage und 49 Minuten unterwegs. Sein Durchschnitt lag bei 22 km/h. Dennoch gewann nicht er, sondern ein Peugeot. Levassors Auto war ein Zweisitzer – das Rennen war aber für Viersitzer ausgeschrieben worden.
Die Idee, Autorennen durchzuführen, fand Nachahmer in der ganzen Welt. Rennen gingen von Stadt zu Stadt, von Land zu Land. Ledergepanzerte Männer mit überdimensionalen Staubbrillen wirbelten auf allen Straßen der Alten und der Neuen Welt Staubwolken auf. Mit ihren ungefügen Monstren rasten sie wie die Verrückten über alle möglichen Landstraßen. In Amerika begannen die Rennen um den Vanderbilt-Pokal und in Frankreich um den Grand Prix (Großer Preis). Das erste Autorennen in Deutschland fand 1898 auf der Strecke Berlin–Potsdam–Berlin statt.

Zu welchem Zweck wurden die ersten Rennen durchgeführt?

Die junge Autoindustrie hatte erkannt, daß Autorennen für sie von doppeltem Wert waren: Einmal war jeder Sieg eine gute Reklame für den Hersteller des Autos, und zweitens war jeder Rennwagen so etwas wie eine fahrende Versuchsstation. Was später in ein normales Personenauto eingebaut werden sollte, wurde erst in einem Rennwagen erprobt. Vierradbremse, Einzelradaufhängung, Torsionsstäbe, Stoßdämpfer – all diese und noch viele andere technische Fortschritte im Automobilbau verdanken wir den Rennen vergangener Zeiten.
Levassor war 1895 noch mit vier PS ausgekommen, sein Renner war letzten Endes nichts als ein normaler Tourenwagen gewesen. Dann aber begann man, spezielle Rennwagen zu bauen. Und das waren wahre Ungeheuer. 1902, beim Rennen Paris–Wien, hatten die Panhards bereits 70 PS, erzeugt in vier Zylindern zu je 13,7 Liter Hubraum. Dabei waren ihre Chassis aus leichtem Holz, und es ist fast ein Wunder, daß die Tragkonstruktionen nicht unter der Last der plumpen, schweren Motoren zusammenbrachen. Mit diesen Fahrzeugen fuhren die Rennfahrer bereits Stundenmittel von 110 km und mehr.
Die Autorennen auf offenen Straßen wurden erst verboten, als 1903 bei dem Rennen Paris–Madrid mehrere Fahrer in die Zuschauermenge rasten. Die genaue Zahl der Opfer ist nicht überliefert; doch ging dieses Ereignis als das

1939: Kurvenkampf der beiden „Silberpfeile" von Mercedes-Benz und Auto Union in der Berliner Avus-Nordschleife. Rudolf Caracciola (Daimler-Benz) und Bernd Rosemeyer (Auto Union; tödlich verunglückt 1938) waren die populärsten Rennfahrer der Welt.

„Todesrennen" in die Geschichte des Automobilsports ein. Seither dürfen Spezialrennwagen nicht mehr auf normalen Verkehrsstraßen fahren. Und seither gibt es die „Formel".

Wozu dienten die ersten „Formeln"?

Die Autobauer hatten inzwischen gemerkt, daß diese Rennwagen nichts mehr mit den normalen Personenwagen und deren Verbesserung, also nichts mehr mit kaufmännischer Vernunft, zu tun hatten. Die „Formel", eine Konstruktionsvorschrift für Rennwagen, sollte die Ingenieure wieder stärker an solche Bauweisen binden, die auch der Entwicklung von Personenwagen dienten. Formeln schreiben vor, was ein Rennwagen wiegen darf, wie groß der Hubraum sein darf usw.
Auch die heutigen Rennen werden überall in der Welt nach Formeln ausgetragen. Für Rennwagen gelten die Formeln 1, 2 und 3.
Formel 1: Hubraum höchstens drei Liter ohne oder 1,5 Liter mit Kompressor

Gewicht mindestens 500 kg. Formel 2: höchstens 6 Zylinder, Hubraum 1300 bis 1600 ccm, Gewicht mindestens 430 kg. Formel 3: vier Zylinder, Hubraum höchstens 1000 ccm, Gewicht mindestens 400 kg.
Die heutigen Formeln haben allerdings nicht mehr den Sinn, den Rennwagen konstruktiv an den Personenwagen zu binden. Die Zeiten, da der Rennwagenbau die Konstruktion ziviler Autos befruchten konnte, ist vorbei. Darum haben sich auch die meisten großen Firmen aus dem Rennsport zurückgezogen. Rennen mit Spezialrennwagen, also mit Formelwagen, dienen heute nur noch dem Sport, allenfalls noch der Reklame. Durch Formeln werden die Konstrukteure heute so beschränkt, daß das Risiko für Fahrer und Zuschauer möglichst klein gehalten wird. Außerdem bewirken die Formeln, daß innerhalb einer (Formel-)„Klasse" nur technisch vergleichbare Wagen miteinander konkurrieren.

Was sind Rallyes?

Während die Grand-Prix-Rennen und andere Veranstaltungen für Spezialrennwagen nur auf speziellen Rennstrecken (z.B. Nürburgring) oder auf für die Öffentlichkeit vorübergehend gesperrten Verkehrsstraßen (z. B. Monte Carlo) ausgetragen werden, führen die sogenannten Rallyes über unabgesperrte Straßen mitten durch den allgemeinen Verkehr. Für Rallyes sind Rennwagen nicht zugelassen; teilnehmende Autos sind mehr oder weniger normale Touren- und Sportwagen mit allem vorgeschriebenen Zubehör wie Hupe, Scheinwerfer, Blinker usw., die ja an Rennwagen fehlen. Bei Rallyes geht es nicht um die Höchstgeschwindigkeit, sondern um die Einhaltung bestimmter, vom Veranstalter vorgeschriebener Zeiten. Wer zu früh oder zu spät am Ziel eintrifft, bekommt Strafpunkte. Außerdem werden Rallyes meist von verschiedenen Orten gleichzeitig gestartet, alle haben aber das gleiche Ziel. Darum werden Rallyes auch „Sternfahrten" genannt.
Bei Touren- und Sportwagenrennen, also auch bei Rallyes, unterscheidet man fünf Klassen: 1. Serientourenwagen, von denen in den letzten zwölf Monaten mindestens 5000 Stück gebaut worden sein müssen; kleine Änderungen sind erlaubt. 2. Spezial-Tourenwagen: Mindestens 1000 Stück müssen hergestellt worden sein; Motor und Fahrwerk dürfen erheblich „frisiert", also aufgebessert sein. 3. Grand-Tourisme-Wagen: Zweisitzer, von denen mindestens 1000 Stück pro Jahr produziert worden sind; nur geringe Änderungen gestattet. 4. Spezial-Grand-

Großer Preis von Deutschland 1992: Formel-1-Fahrer Jean Alesi auf Ferrari bei der Durchfahrt vor den Tribünen. Nach einem spektakulären Unfall des Weltmeisters Niki Lauda 1976 auf dem Nürburgring wurde der Große Preis aus Sicherheitsgründen von dort auf den Hockenheim-Ring verlegt.

Benz-Rennwagen 1899: 12 PS, Spitze 60 km/h

Mercedes-Rennwagen 1908: 120 PS, 160 km/h

Blitzen-Benz 1911: 200 PS, 21,5 l (!), 228 km/h

Mercedes-Rennwagen 1937: 592 PS, 5,6 l, 330 km/h

Tourisme-Wagen: Mindestens 500 Stück müssen gebaut worden sein; sie haben mindestens zwei Sitze und dürfen an Motor und Fahrwerk stark frisiert sein. 5. Sportwagen: Hier starten Prototypen, die mehr als 200 000 Mark kosten und bis zu 370 km/h laufen.
Außer Rennen und Rallyes gibt es noch Zuverlässigkeitsprüfungen, Geschicklichkeitswettbewerbe und Orientierungsfahrten.

Wie kann man Rennfahrer werden?

Wer in Deutschland Rennen oder Rallyes fahren will, muß Mitglied eines Automobilklubs und mindestens 18 Jahre alt sein. Der Klub beantragt für ihn bei der „Obersten Nationalen Sportkommission für den Automobilsport in Deutschland“ (ONS) einen Fahrerausweis und für das Auto einen Wagenpaß. Hat er beides, ist er „Ausweisfahrer“ und darf in Deutschland starten. Wer mindestens fünfmal gesiegt hat, bekommt eine Fahrerlizenz. Als „Lizenzfahrer“ darf er nun auch im Ausland starten. Nach mehreren Siegen wird er dann „B-Fahrer“ und schließlich „A-Fahrer“. A-Fahrer dürfen auch die schnellsten Formel-1-Wagen auf allen Rennstrecken der Welt fahren. Seit 1898 gibt es den „Fliegenden Kilometer“, das ist ein Ein-Mann-Rennen gegen die Uhr. Die 1000 Meter lange Meßstrecke muß mit fliegendem Start, also sozusagen mit Anlauf, hin und zu-

Mercedes-Rennwagen 1954: 2,5 l, 8 Zylinder, 280 PS. Es ist der letzte Rennwagen, den Daimler-Benz baute

Ein Allrad-Toyota beim Durchfahren einer Haarnadelkurve in den französischen Seealpen in 1000 m Höhe bei der Rallye Monte Carlo 1993.

rück durchfahren werden. Das Mittel beider Fahrten ergibt das offizielle Resultat. Für den ersten Fliegenden Kilometer brauchte der Franzose Chasseloup am Steuer eines Elektrowagens hin und zurück 114 Sekunden – das ist ein Stundenmittel von 63,2 km. Ein Jahr später, 1899, verbesserte der Belgier Camille Jenatzky, wiederum auf einem Elektroauto, den Rekord auf 105,9 km/h. Und 1906 fuhr der Amerikaner Stanley 195,7 km/h – mit einem Dampfwagen. Ein weiterer Rekordversuch des Dampfwagens konnte nicht gewertet werden: Bei 325 km/h (!) flog der Wagen in die Luft, der Fahrer wurde schwer verletzt.

Die Geschwindigkeiten der damaligen Flugzeuge nahmen sich dagegen bescheiden aus: 1906 hatten Santos und Dumont über Paris ganze 41,3 km/h erreicht. Erst 1919 wurde das Auto vom Flugzeug überrundet: Der Franzose de Romanet flog mit einer Nieuport 268,6 km/h.

Heute steht der Rekord für Flugzeuge bei 6694 km/h, geflogen von dem US-Captain Walker mit dem Raketenflugzeug X 15. Und die Astronauten fliegen in ihrer Kapsel sogar mit 40 000 km/h durch den luftleeren Raum.

Wer ist der Schnellste der Welt auf Rädern?

Schnellster Mann der Welt auf Rädern ist seit 1965 der Amerikaner C. Breedlove. Auf dem Salt Lake, einem ausgetrockneten Salzsee im US-Staat Utah, raste sein „Spirit of America" mit 967 km/h über die Meßstrecke. Der Wagen hat Düsenantrieb und 11 000 PS.

Mit dem Düsenwagen „Spirit of America" stellte Craig Breedlove 1965 einen absoluten Weltrekord auf

Fahren ohne Fahrer – an dieser Idee wird in allen großen Automobilwerken gearbeitet. Eine der vielen Möglichkeiten zeigt diese Zukunftsvision aus Wolfsburg: Von seiner Wohnung aus lenkt der Fahrer das Auto auf herkömmliche Weise zur Autobahn. Dort schließt er sich mit einem elektronischen Fühler an eine Leitschiene in der Autobahn-Mittelplanke an. Der Automotor läuft weiter, aber das Kommando hat nun die Elektronik. Ohne Zutun des Fahrers bringt sie den Wagen zu jener Autobahnstelle, die der Fahrer vorher dem Bordcomputer eingegeben hat. Will der Autofahrer die Autobahn dort verlassen oder unterwegs einen anderen Wagen überholen, nimmt er das Steuerrad wieder in die

Das Auto von morgen

Niemand weiß, wie das Auto der Zukunft aussehen wird. Eines scheint jedoch gewiß: Mit dem Auto von heute wird es nur noch wenig Ähnlichkeit haben. Alles, was sich die Ingenieure an Neuem ausdenken, dient der Sicherheit, der höheren Leistung und der modischen Linie. Wer aber ein Auto Baujahr 1934 mit einem Auto von heute vergleicht, kommt zu der verblüffenden Feststellung: Viel geändert hat sich seither nichts. Im Prinzip ist es immer noch das gleiche Auto – vor allem, wenn man unter die Motorhaube blickt: Dort schlägt noch immer das gleiche benzingetriebene Herz.

Wie sehen die Autos der Zukunft aus?

Das soll nun anders werden. Denn Otto-, Diesel- und Rotationskolbenmotoren haben zwei entscheidende Nachteile: Sie setzen nur 25 bis 30 Prozent der Energie in Bewegung um, sie arbeiten also mit großem Verlust, und das, was aus dem Auspuff herauskommt, ist pures Gift. Wie immer das Auto von morgen aussehen wird – einen Benzinmotor wird es nicht mehr haben. Als Ersatz bieten sich drei Antriebsarten an:

Der **Elektromotor.** Wie schon berichtet, geriet dieser Motor um die Jahrhundertwende bei den Autobauern in Vergessenheit. Aus gutem Grund: Batterien sind groß und schwer. Ein Auto, das aus ihnen 100 PS entnehmen wollte, müßte so groß sein, daß diese 100 PS für sein Gewicht schon wieder zu wenig wären. Batterieantrieb fällt also aus. Jetzt gibt es die Brennstoffzelle. Damit ist der leichte und dennoch leistungsstarke Motor in greifbare Nähe gerückt.

Hände. In die Leitschienen eingebaute Sicherheitssperren halten automatisch Abstand zum Vordermann, so daß Auffahrunfälle unmöglich sind – auch wenn der Fahrer schläft. – Technisch ist diese Idee ausgereift und machbar. Sie scheitert aber vorläufig noch an den hohen Kosten, die für Straßenbau, Industrie und Autokäufer entstehen würden.

Die Brennstoffzelle wurde bereits 1839 von dem Briten William Grove theoretisch beschrieben, aber erst 1942 von dem Engländer Francis Bacon entwickelt. Sie arbeitet nach dem Prinzip der Elektrolyse, nur umgekehrt. Bei der Elektrolyse wird eine chemische Verbindung durch elektrischen Strom in ihre chemischen Bestandteile zerlegt. Wasser zum Beispiel zerfällt in Wasserstoff und Sauerstoff. In der Brennstoffzelle wird dieser chemische Prozeß einfach umgekehrt: Durch die Vereinigung von Wasserstoff und Sauerstoff zu Wasser wird Strom erzeugt. Im Auto geben die Zellen ihren Strom direkt an kleine Elektromotore in jeder Radnabe ab. Kurbelwellen, Getriebe und Kupplung entfallen, selbst Bremsen sind überflüssig.

Wie arbeitet die Brennstoffzelle?

Die **Turbine.** Das erste Gasturbinen-Patent wurde bereits 1792 dem Engländer John Barber erteilt. Das Prinzip ist einfach: Durch einen Kompressor wird Luft angesaugt, verdichtet und einer Brennkammer zugeführt, in der ständig eingespritzter Brennstoff gleichmäßig verbrennt. Die Verbrennungsenergie wirkt direkt auf die Turbinenräder, wird also sofort in Rotation umgesetzt. Die Gasturbine hat nur ein Fünftel so viele bewegliche Teile wie ein Otto-Motor und ist daher wenig störanfällig. Sie ist sehr leistungsstark, nur zehn Prozent ihrer Energie gehen verloren. Sie braucht außer einer Zündkerze für den Start keine Zündanlage, sie ist vibrationsfrei und schluckt alles – vom Whisky bis zum Walöl. Ihr Nachteil: Sie erzeugt starke Abgase.

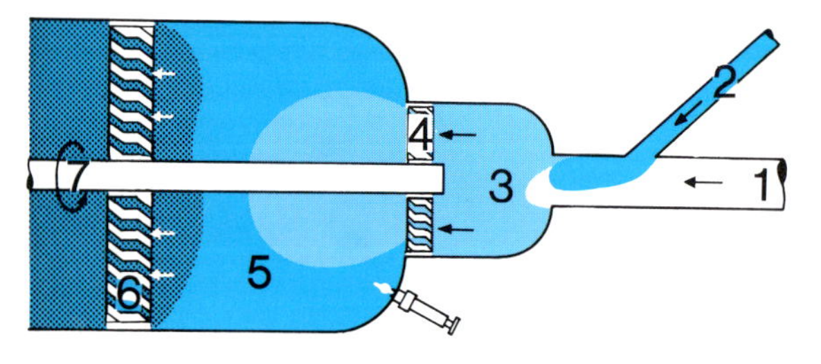

Schnitt durch eine Gasturbine (vereinfacht): Luft (1) und Kraftstoff (2) werden in der Mischkammer (3) vergast und gelangen durch den rotierenden Verdichter (4) in die Brennkammer (5). Unter dem Druck der sich ausdehnenden Verbrennungsgase drehen sich Turbinenrad (6) und Achse (7)

Elektro-Golf beim „Tanken" aus der Steckdose

Der **Atommotor** ist eine Turbine, die mit Wasserdampf betrieben wird. Der Dampf wird in einem Atomreaktor erzeugt. Diese Motoren arbeiten schon längere Zeit in Kraftwerken, Kriegs- und Handelsschiffen. Man hat ausgerechnet, daß ein Auto mit einem walnußgroßen Stück Atombrennstoff einmal um die Erde fahren könnte. Aber bisher ist es nicht gelungen, einen kompletten Atommotor mit all den notwendigen Schutzvorrichtungen gegen Strahlung so klein zu bauen, daß er in ein Auto hineinpassen würde.

Der **Raketenmotor:** Vor 50 Jahren bastelten einige Erfinder am Raketenantrieb für Autos. Der Raketenmotor arbeitet nach dem Rückstoßprinzip. 1928 erreichte der Deutsche Fritz von Opel auf der Avus bei Berlin eine Spitzengeschwindigkeit von 230 km/h, und Düsenjets mit ihren Strahltriebwerken gehören heute zu den sichersten und schnellsten Verkehrsmitteln. (Die Motoren der Jets sind Gasturbinen mit Rückstoßwirkung.) Dennoch wird es auf unseren Straßen vorläufig keine Raketen- oder Düsenautos geben. Ihr Feuerstrahl würde im Verkehrsgewühl mehr schaden als nutzen. Wenn also keine grundlegend neuen Antriebsarten erfunden werden, gehört die Zukunft der Turbine und dem Elektromotor.

Wie können Autos ohne Räder fahren?

Die Ingenieure in aller Welt arbeiten aber nicht nur an neuen Antriebsmitteln. Sie wollen auch zwei andere althergebrachte Konstruktionselemente aus dem Auto verbannen: die Räder und das Steuerrad. Nach den Plänen einiger Konstrukteure soll das Auto der Zukunft sich nicht mehr auf Rädern fortbewegen, sondern auf einem Luftkissen. Zwei Ventilatoren pumpen fortwährend soviel Luft unter das Fahrzeug, daß es schwebt. Zur Vorwärtsbewegung dienen entweder Propeller oder Rückstoßdüsen am Heck des Fahrzeuges. Die Luftkissen-Fähre Hovercraft SRN 2 zwischen England und Frankreich fährt nach diesem Prinzip. Landfahrzeuge dieser Art wären auch über dickstem Holperpflaster völlig erschütterungsfrei, sie könnten sich ohne Schwierigkeiten über Sümpfe, Schneewüsten und Flugsand bewegen. Sie haben aber Nachteile, mit denen die Konstrukteure bisher nicht fertig wurden: Die kleinste Steigung würde für diese Fahrzeuge, die ja keine Bodenhaftung haben, zum Problem; auch Kurven und Seitenwinde könnten ihnen gefährlich werden.

Wie kann man ein Auto ohne Steuerrad lenken?

Eines Tages wird man wahrscheinlich ganz auf das Steuerrad verzichten. Eine amerikanische Autofabrik baute kürzlich einen Wagen, der statt eines Steuerrades einen kurzen Steuerknüppel hat. Drückt man ihn nach vorn, heißt das „schneller“, nach hinten „langsamer“. Schiebt man ihn nach rechts oder links, fährt der Wagen eine Rechts- oder Linkskurve. Je weiter man den Knüppel nach rechts oder links bewegt, desto enger ist die Kurve.
Dieser Steuerknüppel wirkt nicht me-

Der Welt größtes Hovercraft-Schiff bei Dover

chanisch, sondern über einen Signalcomputer, der die Befehle des Fahrers über ein kompliziertes hydraulisches System an das Fahr- und Steuerwerk weitergibt.
Noch phantastischer klingt, was sich die gleiche Fabrik unter dem Namen „Firebird“ (Feuervogel) ausgedacht und tatsächlich gebaut hat. Wenn ein Firebird-Fahrer zum Beispiel von Hamburg nach München fahren wollte, lenkt er seinen Wagen zunächst mit Steuerrad oder Lenkknüppel bis zur nächsten Hauptstraße. Dort schaltet er einen kleinen Radiosender ein, der ihn mit der „Autokontrollstelle“ verbindet. Der Firebird-Fahrer sagt, wo er sich befindet und wohin er will – den Rest macht die Kontrollstelle. Der Fahrer schaltet sein Steuerrad aus, der Wagen wird nun elektronisch von kleinen, in die Straße eingelassenen Kabeln ferngelenkt, die ihn schnell, sicher und auf dem kürzesten Weg nach München dirigieren. Sie vermeiden jeden Zusammenstoß und jeden anderen Unfall. Unser Fahrer kann sich unterwegs ein Schläfchen gönnen oder im Fernsehen die neueste Hit-Parade verfolgen.

Werden die Autobahnen veröden?

Die Straße der Zukunft wäre demnach nur noch von Auto-Robotern befahren? Falsch, sagen die Futurologen, die Zukunftsforscher. Sie haben ausgerechnet, daß es höchst unrentabel wäre, alle Straßen mit elektronischen Leitkabeln zu versehen, um jedes Auto im Einzelverkehr von einem Ort zu einem anderen zu befördern. In der Zukunft, meinen sie, werden die Wagen am Abfahrtsort in riesige Großraumtransporter verladen und gemeinsam – per Luft oder Schiene – an den Zielort gebracht. Die Deutsche Bundesbahn macht es mit ihren „Huckepack-Zügen“ ja schon heute so. Oder aber – und das halten die Futurologen für noch wahrscheinlicher – man läßt den Wagen bei Fernfahrten generell zu Hause, fliegt und nimmt sich am Zielort ein Taxi oder einen Mietwagen.

Wird es nur noch Privatwagen geben?

Nein, sagt eine andere Gruppe der Zukunftsforscher, Privatwagen wird es eines nahen Tages so gut wie überhaupt nicht mehr geben. Überall an den Straßenecken werden Mietwagen stehen, die jedermann selbst fahren kann. Wer zur Arbeit muß oder einen Besuch bei Freunden machen will, steckt beim Betreten des Fahrzeuges eine Kreditkarte in einen Schlitz im Wageninneren. Die Karte wird elektronisch abgetastet, der Fahrer fährt los. Hat er sein Ziel erreicht, läßt er den Wagen einfach an der Straße stehen. Der Computer rechnet den Fahrpreis aus und zieht das Geld automatisch über ein Verrechnungskonto vom Bankguthaben des Fahrers ein. Ist der Kredit des Fahrers überzogen oder ist die Kreditkarte aus irgendeinem anderen Grund ungültig, wird der Motor des Wagens automatisch blockiert – unser Mann muß laufen.

Die wenigen, die sich dennoch den Luxus eines Privatwagens leisten wollten, müßten tief in die Tasche greifen. Denn die Zahl der – wahrscheinlich weit luxuriöseren – Privatwagen wäre gering, ihr Stückpreis dementsprechend sehr hoch. Damit wäre ein merkwürdiger Kreislauf geschlossen: Das Privatauto wäre dann wieder das, was es ganz zu Anfang seiner Geschichte war – das teure Spielzeug reicher Leute.

Bei Gravely Hill in England kreuzen sich drei Autobahnen. Werden sie eines Tages leer sein?

WAS IST WAS
Leichtathletik
BAND 49

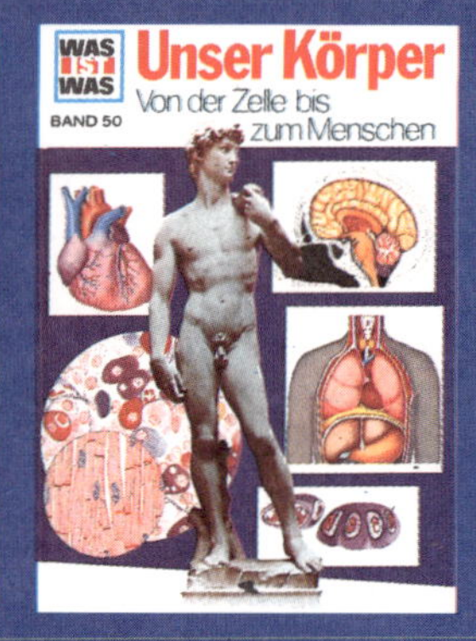
WAS IST WAS
Unser Körper
Von der Zelle bis zum Menschen
BAND 50

WAS IST WAS
Muscheln
und Schnecken
BAND 51

WAS IST WAS
Briefmarken
BAND 52

WAS IST WAS
Das
Auto
BAND 53

WAS IST WAS
Katzen
BAND 59

WAS IST WAS
Die
Kreuzzüge
BAND 60

WAS IST WAS
Pyramiden
BAND 61

WAS IST WAS
Die
Germanen
BAND 62

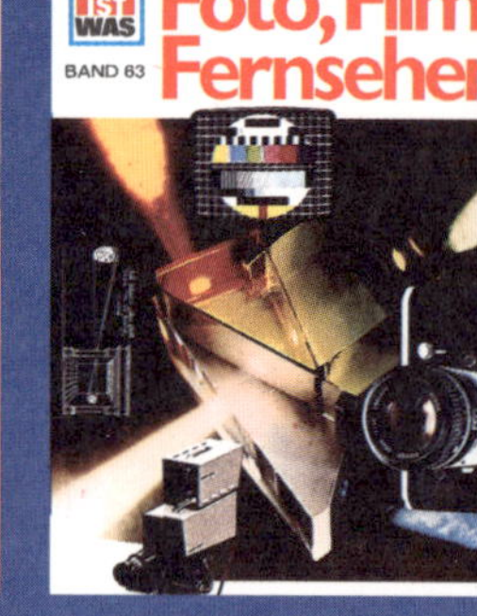
WAS IST WAS
Foto, Film
BAND 63

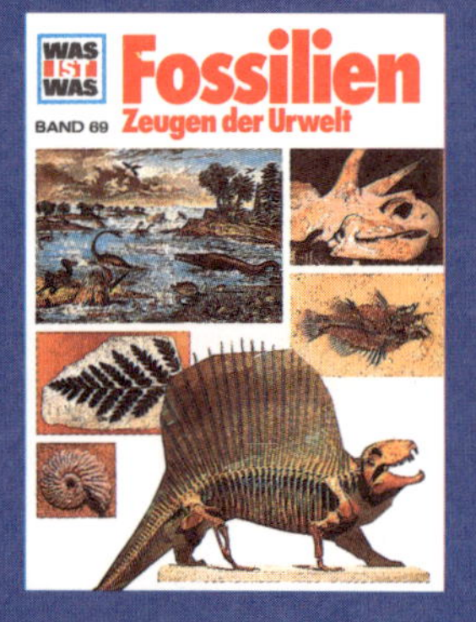
WAS IST WAS
Fossilien
Zeugen der Urwelt
BAND 69

WAS IST WAS
Das Alte
Ägypten
BAND 70

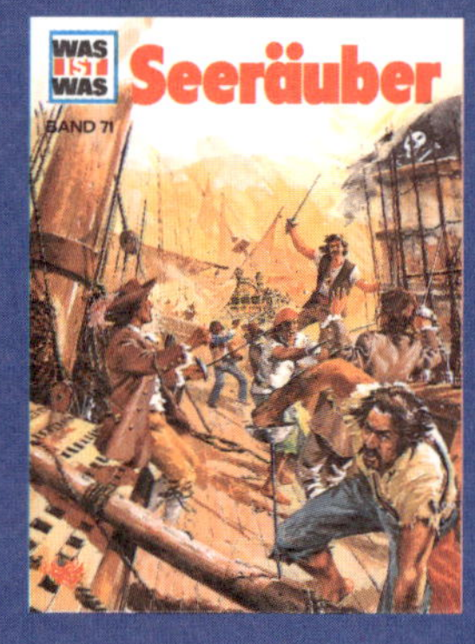
WAS IST WAS
Seeräuber
BAND 71

WAS IST WAS
Heimtiere
BAND 72

WAS IST WAS
BAND 73

WAS IST WAS
Moderne
Physik
BAND 79

WAS IST WAS
Tiere
wie sie
sehen, hören und fühlen
BAND 80

WAS IST WAS
Die Sieben
Weltwunder
BAND 81

WAS IST WAS
Gladiatoren
BAND 82

WAS IST WAS
Höhlen
BAND 83

WAS IST WAS
Menschenaffen
BAND 89
Tessloff

WAS IST WAS
Der
Regenwald
BAND 90
Tessloff

WAS IST WAS
Brücken
BAND 91

WAS IST WAS
Papageien
und Sittiche
BAND 92
Tessloff

WAS IST WAS
Olympia
BAND 93
Tessloff